AF257130

LA
COLONISATION FRANÇAISE

Avec des observations spéciales sur l'Afrique Occidentale.

PAR

L. ASPE-FLEURIMONT

Conseiller du Commerce Extérieur de la France.

(Extrait de la *Revue Internationale de Sociologie*).

PARIS

V. GIARD & E. BRIÈRE

LIBRAIRES-ÉDITEURS

16, Rue Soufflot, Vᵉ arrt.

—

1902

LA COLONISATION FRANÇAISE

Avec des observations spéciales sur l'Afrique Occidentale (1).

———

I

Genèse de la Colonisation Française Contemporaine.

L'expansion coloniale de la France, dans le dernier quart du XIXᵉ siècle, a surpris, d'abord, nos contemporains et elle a, au début, rencontré, dans l'opinion publique, une hostilité non moins forte qu'aveugle. Elle s'imposait, cependant, aux esprits clairvoyants et l'histoire mondiale des vingt dernières années démontre que Gambetta, Jules Ferry, Eugène Etienne et leurs amis avaient vu absolument juste.

La baisse générale des prix et de nouvelles conditions économiques étaient à la veille de fermer à notre pays les anciens marchés où il recruta jadis une clientèle étendue : l'industrie allemande, par le bon marché de sa main-d'œuvre, les manufactures anglaises, par suite du bas prix des charbons et des frets, pouvaient inonder le monde de produits, inférieurs aux nôtres, il est vrai, mais répondant aux besoins et aux moyens des consommateurs ; quant aux Etats-Unis, ils tendaient à se suffire à eux-mêmes et à devenir une grande nation industrielle productrice et, à son tour, exportatrice.

———

(1) Résumé d'un cours libre fait à la Faculté de Droit de l'Université de Caen, pendant l'année scolaire 1901-2.

L'étude des causes, s'opposant à ce que, temporairement, la France ait pu suivre ce mouvement, appartient à l'économie politique ; il convient seulement de s'y référer, pour en déduire que la création de nouveaux débouchés s'imposait, dans l'intérêt de notre industrie et de notre commerce, à nos hommes politiques.

Vers la même époque, nos désastres, encore récents, de 1870, semblaient permettre à l'Angleterre la réalisation de ses désirs d'accaparer le monde entier, ou plus exactement, toute la zone intertropicale de l'Afrique et de l'Asie, à son profit exclusif. Nos possessions d'outre-mer se composaient, alors, des modestes *Antilles* (Martinique et Guadeloupe), de la petite *Guyane*, du *Sénégal* côtier, de la *Réunion*, de la *Cochinchine* et de la *Nouvelle-Calédonie*, environ le tiers du territoire métropolitain, tandis que, aujourd'hui, notre domaine colonial, bien que de valeur inégale, représente 16 fois la superficie de la France avec plus de 50 millions de sujets appartenant aux races les plus diverses. Le commerce de nos colonies a suivi un mouvement ascensionnel, non pas proportionnel malheureusement, mais néanmoins digne d'attention : de 350 millions en 1890, il a passé à 800 millions en 1900. Le budget du Ministère des Colonies, — devenu autonome en 1895 — était de 42 millions en 1885, il est maintenant de 137 millions, dont, à la vérité, 99 millions sont consacrés aux dépenses militaires d'occupation du Soudan, de Madagascar et de l'Indo-Chine.

Aujourd'hui notre pays est devenu une grande puissance asiatique et la plus grande puissance africaine. Les efforts persistants et courageux de plusieurs de ses grands hommes politiques, secondés par de généreuses initiatives privées, comme celle du *Comité de l'Afrique Française*, ont multiplié de brillantes explorations qui nous ont créé des droits à la possession des mondes inconnus. S'il est vrai de reconnaître que de gros sacrifices, en hommes et en argent, ont été faits, il est juste d'ajouter que, la plupart du temps, ces sacrifices ont été nécessaires ; la destruction du pouvoir des Ahmadou, des Samory et, plus récemment, des Rabah et Fatel-Allah s'imposait impérieusement. Jadis, Jules Ferry paya de sa popularité la conquête du Tonkin ; de nos jours, l'opinion publique, mieux éclairée, a reconnu ses erreurs et elle suit, avec un intérêt particulier, notre développement colonial. Pour justifier celui-ci, on a dû promettre à notre industrie de nouveaux marchés ; mais comme la théorie de la porte-ouverte, de l'égalité de traitement était à l'avantage exclusif de nos rivaux anglais, allemands et américains, et nous plaçait, là aussi, dans un complet état d'infériorité, eu égard à la cherté de nos conditions de production, l'Etat français a dû, pour remplir les promesses faites, établir en Indo-Chine, à Madagascar, etc., des tarifs différentiels. Seules, par suite de circonstances géographiques spéciales (*Guinée française*) ou de conventions diplomatiques regrettables (*Côte d'Ivoire, Dahomey* — traité anglo-français du 14 juin 1898), la plupart de nos colonies Ouest-africaines n'ont pas pu favoriser l'industrie métropolitaine, dont elles n'importent encore que bien peu de produits. Toutefois, le but à atteindre, c'est d'arriver à créer, entre la France et toutes ses colonies, un courant assez important d'échanges qui légitimeront les grosses charges que nous nous sommes imposées et que nous continuons pour la politique coloniale, qui doit être maintenant une politique d'intérêts sainement compris, et non pas seulement une politique de sentiment et de pur impérialisme. Cette thèse est conforme à la nature de nos colonies qui sont, non des colonies de *peuplement* susceptibles d'acquérir l'autonomie, mais des colonies *d'exploitation* qui, pendant plusieurs siècles encore, devront — à peu d'exceptions près — rester soumises au régime de l'assujétissement à la métropole.

.·.

Le commencement du vingtième siècle trouve l'empire colonial de la France *politiquement* constitué. Les vues de Richelieu, de Colbert, reprises par Gambetta, Jules Ferry et leurs disciples, ont contribué à la reconstitution d'une partie de notre ancien domaine d'outre-mer, compromis et perdu par la légèreté ignorante des ministres de Louis XV, ainsi que par les désastres qui ont marqué la fin du premier Empire.

Nous avons abandonné ou cédé le Canada, la Louisiane, l'Inde, joyaux inestimables eu égard à leur climat et à leurs ressources variées ; mais la vaillance de nos explorateurs et l'héroïsme de nos soldats nous ont donné nos cinq colonies de l'Afrique Occidentale, le Soudan, le Congo, les régions du Tchad, Madagascar et les cinq pays qui forment notre Indo-Chine. Notre nouvel empire colonial vaut incontestablement moins que l'ancien. Mais encore faut-il le connaître et savoir ce qu'on en peut tirer.

Toutefois la divulgation de ses ressources exige des compléments indispensables ; à nos colonies, il faut des colons et des capitaux.

C'est à former l'instruction des uns et des autres que, dans des milieux divers, s'emploient plusieurs institutions publiques et privées. A la Sorbonne, dans quelques Universités de province (Lyon, Marseille, Bordeaux, etc.) on trouve des chaires d'enseignement colonial ; la Société de Géographie Commerciale et plusieurs Sociétés de Géographie de France multiplient des conférences de vulgarisation ; d'autres groupements coopèrent également à la même œuvre, sans parler de l'Ecole Coloniale dont le fonctionnement régulier rend aux cadres administratifs de nos colonies des services appréciés. Enfin la littérature et la presse coloniales s'enrichissent progressivement de nouveaux éléments.

*
* *

On a souvent dit que le Français n'était pas colonisateur ; c'est une erreur en soi, notre passé le prouve. S'il est plus vrai de reconnaître que la race française a, au cours du XIX° siècle, semblé perdre de sa force expansive de jadis, la transformation profonde des conditions de l'existence contemporaine est à la veille d'amener nos mœurs à une évolution nécessaire : la baisse du taux de l'intérêt, la diminution des fortunes, les progrès du machinisme, la concurrence extrême dans les carrières libérales, tout cela va obliger les générations nouvelles à porter leurs regards au dehors. Le citoyen français est généralement bien portant, travailleur, économe, sobre et résistant à la fatigue ; l'initiative, quand cela est nécessaire, ne lui fait pas défaut, bien que quinze siècles de monarchie l'ait accoutumé à trop compter sur l'Etat. Quant à la sociabilité, qui est notre qualité dominante, elle nous a toujours assuré et nous garantit, à cause de notre esprit de douceur et de justice, une assimilation facile et avantageuse avec les choses et les gens des pays neufs que nous avons à coloniser. Notre empire colonial étant politiquement constitué, il ne dépend plus que de nous, de l'initiative de nos concitoyens, d'exiger pour lui l'organisation économique qui doit assurer sa prospérité. C'est l'étude de ses éléments qu'il importe de poursuivre sans cesse et de vulgariser.

II

Principes généraux de la Colonisation.

Pour bien s'entendre et se comprendre, il convient de définir préalablement ce dont on veut parler. En fait de colonies, les uns parlent des *anciennes* (Antilles, Réunion) pour les distinguer des *nouvelles* (Ouest-Africain, Indo-Chine, etc.) ; les autres opposent les colonies *tropicales* aux colonies *tempérées* ; d'autres, enfin, adoptent la classification, plus méthodique et plus pratique à la fois, de colonies de *commerce*, de *peuplement*, d'*exploitation*, *mixtes*, c'est-à-dire comprenant plusieurs des caractères des trois autres genres.

On dénomme *colonies de commerce*, « des établissements d'étendue restreinte qui, par leur situation géographique, réunissent un ensemble de conditions suffisantes pour donner lieu à un important mouvement d'échanges ». Toute colonie de commerce, pour prospérer, doit donc bénéficier d'un régime économique libéral et faire l'objet d'un choix judicieux : port d'accès facile et mouillage sûr, point de croisement de routes maritimes, entrepôt ou débouché de vastes régions arrosées par de grands fleuves. Le type, par excellence, de la colonie de commerce est Hong-Kong. Rocher aride, avant 1842, il fut acheté pour peu d'argent à la Chine par l'Angleterre ; aujourd'hui, son mouvement commercial annuel dépasse 600 millions de francs. La colonie de commerce est une forme d'entreprise coloniale qui répond imparfaitement à la conception que les Français se font de la colonisation, attendu que, à cause de la nature même de ce genre de colonie, elle se prête mal à recevoir de la métropole, à côté de l'action économique, une direction politique et morale. Au surplus, l'histoire des cités commerçantes du passé prouve que cette espèce d'entreprise coloniale ne peut avoir qu'un caractère transitoire et précaire, c'est-à-dire sans assises solides et sans visées à long terme.

Les *colonies de peuplement* sont « des pays où peuvent se reconstituer, sur une terre nouvelle, des groupes sociaux composés d'éléments analogues à ceux de la mère-patrie et présentant avec celle-ci de grandes affinités ». Toute colonie de peuplement doit donc réunir les trois conditions suivantes : *a*) un climat où l'Européen puisse vivre, exercer son activité et se reproduire ; *b*) une étendue territoriale suffisante pour que l'émigration européenne soit à même de s'y développer sur des terres libres ; *c*) des ressources naturelles permettant aux colons de retrouver des conditions matérielles d'existence à peu près analogues à celles auxquelles ils étaient accoutumés dans leur pays d'origine. » L'Amérique du Nord ne doit son essor prodigieux qu'à la parfaite réunion de ces trois conditions principales, bien qu'il faille reconnaître qu'un ensemble de circonstances politiques, économiques et religieuses l'ont puissamment secondée. La colonie de peuplement est celle, disons-le, qui répond le mieux à notre conception française, à cause des souvenirs du passé, sans doute, puisque la nature de notre domaine colonial actuel — presque exclusivement situé sous les tropiques — ne nous permet guère de la voir se réaliser.

Quant aux *colonies d'exploitation*, ce sont « les établissements territoriaux des Européens dans la zone intertropicale où les blancs ne peuvent pas s'acclimater, malgré une résidence prolongée, ni, par conséquent, travailler manuellement ». Leur raison d'être est la mise en valeur de leurs immenses richesses naturelles, de leurs matières premières forestières, agricoles et minières. Le caractère dominant de la colonie d'exploitation est qu'elle comprend des superficies étendues et qu'elle est destinée à mettre en contact les Européens avec des Indigènes plus ou moins nombreux, arriérés ou travailleurs et dont ils ont intérêt à faciliter le développement autant pour se ménager, sur place, de la main-d'œuvre, que pour se créer des marchés de consommation qui ne peuvent que se multiplier et grandir d'importance progressivement. Pour l'Angleterre, le type de colonies d'exploitation, ce sont les Indes, les Antilles et Ceylan ; pour l'Allemagne, le Togoland, le Caméroun, le sud-ouest Africain, l'Afrique orientale allemande ; pour la Hollande, sa Guyane, Java, et Bornéo (sauf le N.-O. qui est sous le protectorat britannique) ; pour la Belgique, l'Etat Indépendant du Congo ; pour le Portugal, San-Thomé, Angola, Mozambique, la Guinée Portugaise et les Iles du Cap-Vert; pour l'Espagne, naguère, Cuba et les Philippines, aujourd'hui seulement les Iles Canaries ; pour la France, enfin, l'Indo-Chine, Madagascar, et toutes ses possessions de l'Afrique Centrale et Occidentale.

On s'est demandé, puisque nous avions de belles colonies que notre tempérament n'était pas réfractaire à mettre en valeur, pourquoi nos progrès étaient si lents et nos échecs si nombreux. Les difficultés dans les communications, non moins que dans le choix et l'acclimatement des agents et des colons y sont bien pour quelque chose, en sus des causes habituelles d'échecs inhérentes à toute entreprise humaine. D'ailleurs, il s'est fait, depuis 50 ans, de très grosses fortunes dans plusieurs de nos colonies. Mais il convient de reconnaître que nos possessions tropicales ne se prêtent à l'habitation que dans certains endroits à choisir avec soin (ce que l'on fait trop peu) et pour un temps limité (deux ou trois ans de suite seulement) avec certaines conditions de santé, de confort et d'hygiène (prophylaxie et traitement du paludisme, de la dyssenterie, de la fièvre jaune, etc.). Entre deux théories opposées, il faut conclure simplement que l'Européen peut séjourner sous les tropiques, pendant plusieurs années, à la double condition de n'y mener une vie active que d'une manière limitée et de venir se refaire, en Europe, tous les deux ou trois ans.

On appelle, enfin, *colonies mixtes* « les contrées exotiques où, à une même époque, se trouvent réunis les trois autres types de colonies », par suite, si l'on veut, de circonstances climatériques (Nouvelle-Calédonie), de différences d'altitudes (Madagascar, Tonkin), de situation géographique (Tunisie — *2 zones*). C'est ainsi, encore, que l'on trouve des colonies mixtes de *commerce et d'exploitation* (Iles de la Sonde), de *peuplement et d'exploitation* (Iles Maurice, Réunion, Antilles).

.•.

Après avoir examiné ce qu'est une colonie, après la démonstration faite, que les Français ont les qualités requises pour y réussir, après l'étude des divers genres de colonies, il convient de définir ce qu'est, ce que doit être la *colonisation* et quel est son objet.

« La *colonisation* est une extension, par des procédés variables (annexions, protectorats, etc.), de l'influence d'une puissance, presque toujours européenne, à des contrées de civilisation différente, inférieure généralement, dans le but d'y produire une triple action politique, morale, économique. » Donc, au sens large du mot, une colonie sera un établissement constitué par une puissance supérieure sur ces bases et à ces fins.

Il faut bien distinguer la COLONISATION de l'ÉMIGRATION. Celle-ci est « le *fait*, par un certain nombre d'individus, en quantité plus ou moins considérable, de quitter le sol natal pour aller s'établir dans des contrées éloignées possédant presque toujours une organisation, mais sans l'intervention de la puissance publique. » Les Italiens *émigrent* dans l'Amérique du Sud, les Allemands et les Irlandais *émigrent* aux États-Unis, les Béarnais *émigrent* en République Argentine, les Barcelonnettes *émigrent* au Mexique; mais ils n'y vont pas fonder des colonies. En résumé, la colonisation suppose l'intervention de la puissance publique; l'émigration provient surtout de l'initiative individuelle. Ses causes en sont diverses : *politiques* (guerres malheureuses, mesures vexatoires, telles que la Révocation de l'Édit de Nantes) : *économiques* (pléthore d'habitants, comme en Allemagne; misère au pays natal, comme en Italie).

L'histoire de la colonisation, dans les temps modernes, peut se résumer en quelques mots. Au xvi⁰ siècle, la conquête des pays neufs a eu pour objet les métaux précieux, ainsi que les agissements des Portugais et des Espagnols le prouvent. Au xvii⁰ siècle, Richelieu et Colbert, en organisant la mise en valeur de plusieurs contrées d'outre-mer au moyen des Compagnies de colonisation, se proposèrent surtout l'extension politique de la France, faite avec économie. Au xviii⁰ siècle, on chercha principalement à se procurer, à bon compte, les produits tropicaux d'alimentation. Au xix⁰ siècle, enfin, la colonisation a eu particulièrement pour objet de créer de nouveaux débouchés aux produits de l'industrie européenne et d'acquérir, au mieux, des matières premières, comme le caoutchouc, le coton, le riz, les graines oléagineuses (arachides, palmistes, etc., etc.). Toutefois il est juste de reconnaître que notre colonisation contemporaine complète son rôle économique, en le justifiant, par un double caractère à la fois *politique* (accroissement de l'influence de l'État dans le monde) et *moral* (amélioration de la condition des indigènes).

L'étude de ce que doit être la colonisation consiste donc à dégager ces éléments très divers et à les classer dans l'ordre politique, moral et économique. Ainsi, dans l'ordre politique, on recherchera la nature des liens devant relier les colonies à la métropole et l'organisation intérieure spéciale à chacune au point de vue administratif (police, armée, justice, impôts, travaux publics, etc.).

Dans l'ordre moral, on précisera dans quelle mesure nous avons le droit et le moyen d'imposer nos idées et nos mœurs aux indigènes (missions religieuses, instruction théorique et professionnelle) et quelles limites nous devons tracer à leurs libertés et usages (anthropophagie, etc.).

Dans l'ordre économique, enfin, on recherchera les moyens les mieux appropriés pour activer le commerce de la métropole vers de nouveaux débouchés, non moins que pour provoquer la mise en valeur rapide de la colonie.

L'accroissement du commerce métropolitain avec les colonies dépendra, entre autres choses, du régime commercial auquel seront soumis les échanges de la colonie avec sa métropole et avec les pays étrangers. Quel sera ce régime commercial? Le libre échange ou la protection, ou bien, simplement et plus exactement, une liberté sagement tempérée ou une réglementation appropriée aux besoins divers? Autant de questions à examiner, non pas tant au point de vue des principes absolus que d'après la situation politique et économique de chaque possession — situation assurément contingente et essentiellement variable.

Quel que soit le régime commercial, adopté pour une colonie, celle-ci achètera d'autant plus à la métropole qu'on lui donnera le moyen d'augmenter ses facultés d'achat. Ça sera, à la fois, l'objet et le résultat d'une *bonne* mise en valeur. Or, celle-ci dépend de trois facteurs principaux : *a*) une organisation du travail conforme aux besoins du pays ; *b*) les capitaux disposés, moyennant des garanties suffisantes, à s'y employer ; *c*) un bon régime terrien, précisant, au point de vue domanial, les droits de l'État et des particuliers, organisant, au point de vue foncier, le mode et les règles de la transmission de la propriété, facilitant, au point de vue agricole, les cultures riches (dangers de la monoculture) et les cultures vivrières, assurant, au point de vue forestier et minier, l'exploitation et la conservation des bois et des métaux précieux.

En résumé, la mise en valeur d'une colonie nouvelle doit débuter par le commerce d'échange avec les indigènes, afin de les attirer à soi, et se continuer par l'organisation de la cueillette des produits naturels du sol pour aboutir à la période de la culture raisonnée.

Le rôle de l'État colonisateur sera plus ou moins direct et étroit, suivant des modalités variables et susceptibles de fréquentes transformations, suivant aussi les progrès plus ou moins rapides de la colonie. Il guidera donc son action, dans l'ordre politique, moral et économique, d'après la situation géographique de la colonie, la nature physique et intellectuelle de la population indigène, et la richesse des produits du sol.

.˙.

Action de l'État dans l'ordre politique.

Puisque coloniser, c'est organiser des pays neufs et civiliser des races restées inférieures à la nôtre, il convient de rechercher les meilleurs moyens pour y parvenir. La Métropole devra-t-elle soumettre ses colonies au régime de l'*assujétissement*? Ses efforts devront-ils tendre, au contraire, à leur conférer l'*autonomie*? Lui semblera-t-il, enfin, préférable de les élever jusqu'à elle, par la voie de l'*assimilation*, en les dotant des mêmes droits politiques et administratifs, mais en leur imposant les mêmes obligations financières et militaires?

Dans le choix de ces trois régimes, où sera le critérium? On le trouvera incontestablement dans la nature de la colonie et suivant son degré de développement. La France ne possédant que des colonies d'exploitation (l'Algérie et la Tunisie étant toujours classées à part), il suffit de distinguer entre : 1° celles qui constituent des sociétés mûres, formées et où l'œuvre de la colonisation est à peu près terminée (les Antilles et la Réunion) ; 2° celles qui sont en plein travail de croissance (le Sénégal, Madagascar, l'Indo-Chine, la Nouvelle-Calédonie) ; 3° celles qui, à peine sorties de l'état embryonnaire, ne font que de naître (Soudan, Congo, Guinée, Côte-d'Ivoire, Dahomey). Il serait donc dangereux d'appliquer à ces trois groupes distincts un régime uniforme. Ce qu'il faut seulement déterminer, c'est le but — même lointain — auquel on devra tendre, afin d'éviter des mesures parfois fâcheusement contradictoires, ainsi que cela s'est déjà produit.

Le choix du critérium basé sur la *nature* des colonies conduit aux déductions que voici : à l'égard des *colonies de peuplement*, la Métropole pourra songer au régime de l'AUTONOMIE, ainsi que l'a fait l'Angleterre, pour le Canada, le Cap, l'Australie ; au contraire, en ce qui concerne les *colonies d'exploitation*, où la race supérieure, dominante, est en minorité, et la race inférieure en énorme majorité, la Métropole ne peut et ne doit appliquer que le régime de l'ASSUJÉTISSEMENT, en le tempérant, toutefois, par des règles d'humanité, de justice, d'éducation morale et d'intérêt sainement compris. En effet, les populations indigènes doivent être les auxiliaires de la puissance dominatrice (main-d'œuvre, etc.), et devenir les clientes indispensables de son commerce. Sans cet accord équitable, il n'y a pas de colonisation possible — au sens moderne du mot — dans les colonies tropicales.

On a voulu résumer, comme suit, les trois régimes de politique coloniale dont il vient d'être question.

m) La *politique d'assujétissement*, a-t-on dit, est conçu exclusivement dans l'intérêt de la Métropole. Il est facile de répondre que, si c'était là l'ancienne conception de la colonisation avec le pacte colonial, l'intercourse, etc., etc., on est, de nos jours, infiniment moins absolu, et ce, dans un intérêt bien compris.

n) La *politique d'autonomie*, a-t-on ajouté, tend à former des sociétés aptes à se gouverner elles-mêmes et à se constituer en états indépendants dès leur maturité. Il faut remarquer que si c'est le système anglais, la Grande-Bretagne ne l'adopte que pour ses colonies de peuplement (Canada, Cap, Australie), occupées par des éléments ethniques similaires à ceux de la mère-patrie et, en conséquence, susceptibles de devenir rapidement capables de se conduire eux-mêmes.

o) La *politique d'assimilation*, au contraire, consiste à réaliser une union de plus en plus parfaite entre les Colonies et la Métropole. C'est la tendance des races latines. En dehors de l'exemple de l'Espagne et du Portugal, on a, dans notre pays, longtemps soutenu que le but à atteindre devait être la création de véritables départements français dans nos possessions d'outre-mer. Mais on en revient un peu partout, des scandales électoraux et autres, qui ont éclaté à la Guadeloupe, au Sénégal, dans l'Inde française, ayant éclairé l'opinion.

La conclusion à tirer de tout cela, c'est que, l'*autonomie* convenant seulement aux colonies de peuplement, et l'*assimilation*, tentée chez nous, présentant de graves dangers, le régime de l'*assujétissement*, sagement tempéré, est seul applicable à nos nouvelles colonies d'exploitation.

III

ÉLÉMENTS POLITIQUES, MORAUX ET ÉCONOMIQUES DE LA COLONISATION.

Il serait d'un intérêt secondaire d'étudier, en détail, les conséquences de chacun des trois systèmes de politique coloniale qui ont été examinés. Au lieu de poursuivre cet examen aux points de vue de l'*Organisation constitutionnelle*, de l'*Administration*, de la *Défense militaire*, du *Régime commercial* des colonies, on peut se borner à retenir ce qui suit :

a) Sous le régime de l'*autonomie*, la colonie — sauf un droit de *veto* platonique de la Métropole — se gouverne, s'administre, se défend elle-même ; elle choisit son régime commercial et vote ses impôts sans recourir à l'appui financier de la Métropole.

b) Avec le régime de l'*assimilation*, la colonie possède des sénateurs et des députés, des Conseils généraux et municipaux, le service militaire, des impôts élevés et le même système douanier que la mère-patrie. Sauf certaines variantes, il en est ainsi pour les Antilles, la Guyane, le Sénégal, l'Inde, la Réunion, la Cochinchine.

c) Le régime de l'*assujétissement* soumet les destinées de la colonie à l'absolue discrétion de la Métropole, sauf les légers tempéraments des Conseils privés et de l'institution des Délégués *élus* au Conseil supérieur des Colonies. C'est le système appliqué à toutes nos colonies autres que celles désignées ci-dessus.

En réalité, ce système est le seul qui convienne à nos nouveaux sujets indigènes. Ceux-ci n'ont ni nos idées — le vol ne leur paraît pas méprisable, ni nos aspirations — l'esprit d'économie leur manque, ni nos besoins — la nécessité du travail leur échappe. Il faut donc leur imposer, par notre autorité ferme et permanente, le respect de la vie et des biens, le besoin du travail pour se procurer ce qu'ils désirent, l'esprit de prévoyance, en leur démontrant quel est leur intérêt et en leur garantissant qu'ils cesseront d'être volés et pillés — comme jadis — par les grands chefs.

Au surplus, et pour des raisons diverses, on constate, ailleurs qu'en Afrique, des tendances autoritaires dans notre politique coloniale. En Indo-Chine, M. Paul Doumer a voulu tout unifier (douanes et impôts), tout centraliser, tout diriger, en un mot, pour couper court aux rivalités locales (Cochinchine et Tonkin) et aux luttes personnelles des Conseils électifs contre le Pouvoir central et ses représentants.

D'ailleurs, il importe de retenir que, à l'heure actuelle, les rapports politiques des colonies avec la Métropole sont réglés par l'article 18 du sénatus-consulte du 3 mai 1854 resté en vigueur et qui stipule que *toutes nos colonies, sauf les Antilles et la Réunion, sont soumises au régime des décrets*. Ce texte législatif constituant le fondement de notre charte coloniale, il est nécessaire d'en préciser les origines et la valeur juridique. Après le Coup d'État du 2 décembre 1851, fut publiée la Constitution du 14 janvier 1852, dont l'art. 27 déclara que « le Sénat règle, par un sénatus-consulte, la constitution de l'Algérie et des colonies. » C'est, sous l'empire de cette constitution et par application de son art. 27, qu'ont été votés et promulgués les sénatus-consultes des 3 mai 1854 et 4 juillet 1866, encore en vigueur de nos jours, pour partie tout au moins. Le *S. C.* du 3 mai 1854 distinguait entre le régime à donner aux Antilles et à la Réunion, d'une part, et à toutes nos autres colonies, d'autre part. Le premier groupe obtenait certaines garanties modifiées par le *S. C.* de 1866 et depuis lors, par d'autres dispositions législatives ; le deuxième groupe n'en recevait aucune. Pour lui, l'art. 18 du *S. C.* de 1854 édicte que « les colonies seront régies par décret de l'Empereur jusqu'à ce qu'il ait été statué à leur égard par un sénatus-consulte ».

Celui-ci n'étant jamais intervenu, les décrets nécessaires sont régulièrement rendus par le Président de la République. C'est ainsi que, depuis plus de vingt ans, des milliers de décrets en matière coloniale commencent uniformément par ces mots : *Vu l'art. 18 du Sénatus-consulte du 3 mai 1854...*

On peut donc dire que, pour toutes nos colonies, sauf les Antilles et la Réunion, *un simple décret suffit toujours* tant que les finances de la Métropole et le régime commercial de la colonie ne sont pas affectés. Très souvent, même, on se contente d'arrêtés des gouverneurs locaux.

Toutes nos jeunes colonies sont, de la sorte, soumises au *régime des décrets* ; c'est la bonne méthode, la seule pratique, au surplus, pour faire vite et agir utilement.

**

Action de l'État dans l'ordre moral.

Pour les peuples civilisateurs, l'obligation de relever le niveau intellectuel et d'améliorer la situation matérielle des indigènes est née de leur entrée en contact avec des races inférieures. On a donc pu dire que la civilisation, adaptée au milieu ambiant, est la justification de la colonisation et de l'arrivée des Européens dans les pays neufs. Or, à considérer les choses de près, on se rend compte que le commerce — toujours un peu cosmopolite de sa nature — n'a pas fait grand chose à cet égard. Ne lui a t-on pas reproché ses colossales et nocives importations, en Afrique, d'alcools allemands et de poudre de traite? D'ailleurs, le commerce — nul ne l'ignore — ne crée rien, ne pouvant pas, à cause des effets de la concurrence, attendre un paiement lointain de ses efforts. Il ne crée pas les valeurs, les richesses ; il ne fait que les échanges. C'est ce qui fait dire qu'une nation, purement commerçante, ne peut vivre qu'aux dépens d'autrui et que de l'appauvrissement successif des peuples soumis à sa domination ; les famines, aujourd'hui permanentes, des Indes Anglaises, en sont une preuve. Si le négoce — qui s'est vanté d'être le pionnier de la civilisation — est inapte à remplir ce rôle d'une façon durable, comment donc s'exercera l'action morale de la Métropole? Sous les formes les plus diverses et suivant la nature des peuples assujétis. La civilisation à inculquer aux indigènes de la *race jaune* qui a une littérature et une morale à elle, qui comprend le progrès autrement que nous et qui, systématiquement, repousse nos idées et nos mœurs, sera, dans ses moyens, tout à fait différente de celle à introduire chez les *noirs* qui sont assurément plus malléables, mais d'une malléabilité qui ressemble à celle du caoutchouc de leur pays : la pâte est plus ou moins molle ; mais, sans repousser l'empreinte, qui lui est imprimée, elle la conserve difficilement, peu ou même pas. Toutefois, les noirs africains s'inclinent devant notre supériorité, parce qu'ils nous savent les plus forts et qu'ils nous voient plus justes que leurs semblables. L'anthropophagie, l'esclavage, l'épreuve du bois-rouge, la croyance aux gris-gris, la crainte des sorciers, le respect des griots pendant leur vie ; autant de maux à combattre, autant d'idées à faire disparaître ! Les instituteurs laïques étant forcément très rares, en Afrique, pour mille raisons inutiles à reproduire, il convient de seconder, dans ce travail considérable de lente et pénible transformation morale, les missions religieuses d'hommes et de femmes. Quant aux administrateurs de cercles, s'ils sont bien choisis et convenablement installés et rémunérés, s'ils résident longtemps dans la même contrée, si des attributions fortes, multiples, étendues, leur sont conférées, en laissant de côté nos règles, inutiles, dangereuses même chez les sauvages, de la séparation des pouvoirs, ils peuvent, ils doivent exercer une action civilisatrice d'une importance capitale. La condition primordiale est donc de n'envoyer aux colonies que des hommes de tout premier ordre. Pendant longtemps, le personnel administratif a laissé fort à désirer ; mais comment ne s'améliorerait-il pas avec des chefs aussi éminents que les Ballay, les Galliéni, les Doumer, les Gentil, les Ballot et d'autres encore ?

* *

Action de l'État dans l'ordre économique.

En réalité, à part des nécessités d'influence politique qui ont cherché leur justification dans des considérations d'ordre moral (abolition de l'esclavage, lutte contre l'anthropophagie, destruction des grands fléaux humains, comme les Ahmadou, les Samary, les Rabah), la question économique est le fondement véritable, la raison d'être, l'objet principal de l'expansion coloniale contemporaine. Celle-ci est née de la crise industrielle des États modernes et de la surproduction exigeant la recherche de nouveaux marchés. Le but à atteindre, pour un peuple faisant des sacrifices d'hommes et d'argent en vue de se créer de nouvelles colonies, ce sera de bien déterminer : 1º les méthodes les plus efficaces pour la mise en valeur des contrées nouvelles à richesses inexplorées ou mal exploitées; 2º le meilleur régime commercial pour l'écoulement des produits manufacturés métropolitains : 3º les moyens les plus rapides pour créer aux indigènes des facultés d'achat sans cesse grandissantes dans le but d'améliorer leur situation par le travail qui leur donnera le moyen de satisfaire à leurs besoins nouveaux. Ces trois conditions, étroitement liées entre elles, et les problèmes qui en découlent, pourraient, si on le voulait, se grouper sous les trois rubriques que voici : RÉGIME ÉCONOMIQUE, APPROPRIATION DES TERRES, MAIN-D'ŒUVRE. Toutefois la complexité de ces questions peut faire préférer la division suivante :

A) *La question du travail dans nos colonies en général.*
B) *Le problème de la main-d'œuvre en Afrique et l'esclavage.*
C) *Le capital et les garanties qu'il recherche.*
D) *Le commerce libre et les Compagnies à charte.*
E) *Le système des concessions territoriales.*

Toute bonne colonisation comprend deux sortes d'éléments : les éléments PUBLICS et les éléments PRIVÉS. Les éléments publics se subdivisent, eux-mêmes, en éléments *métropolitains* et en éléments *locaux.*

Organes publics *métropolitains* de la colonisation : les Instituts et Musées coloniaux de Lyon, Marseille et Bordeaux; le Jardin Colonial de Vincennes, le Muséum, l'Office Colonial, l'Office National du commerce extérieur, etc., etc.

Organes publics *locaux* de la colonisation : 1º les Jardins botaniques — *dits* d'essai — de Thiès (Sénégal), de Camayen (Guinée), de Dabou (Côte d'Ivoire), de Porto-Novo (Dahomey), de Libreville (Gabon-Congo). Ces institutions, très utiles, ont des similaires à l'étranger : Orotawa (Iles Canaries), Bathurst (Gambie), Free-Town (Sierra-Léone), Aburi (Côte-d'Or), Old Calabar (Nigéria), Victoria (Caméroun); — 2º les ports et warffs, les routes, fleuves et chemins de fer, les postes et télégraphes intérieurs.

Quant aux *éléments privés* de la colonisation, ils comprennent tout ce qui a trait : *a*) au travail et à la main-d'œuvre; *b*) au capital et à ses emplois; *c*) à l'exploitation des terres par l'union du travail et du capital, celui-ci pour guider celui-là et le rémunérer. Le domaine de ces questions est celui où la part de l'initiative privée est largement prépondérante, par opposition aux autres où l'intervention de l'État, par la nature même des choses, est appelée à rester forcément dominante.

IV

LA QUESTION DU TRAVAIL DANS LES COLONIES FRANÇAISES EN GÉNÉRAL.

Mettre en valeur une colonie, c'est en tirer parti, autant dans l'intérêt de la métropole que dans celui de la colonie elle-même, en organisant sa culture forestière et agricole pour obtenir, sans cesse, plus et de meilleurs produits, et en facilitant l'exploitation et l'écoulement de ceux-ci par l'amélioration et la création des moyens de transport. Mais tout cela n'est possible, aux colonies comme partout d'ailleurs, qu'à l'aide du travail. Or les possessions françaises, au-delà des mers, étant situées sous les tropiques, ne constituent que des colonies d'exploitation, dans lesquelles l'élément européen ne peut pas être utilisé, au point de vue de la main-d'œuvre, mais seulement pour un rôle de direction et de surveillance. Dans ces conditions, on est amené à examiner si nos colonies, en général, et, plus spécialement, celles de notre Afrique Occidentale, possèdent une main-d'œuvre suffisamment abondante, stable et bon marché.

C'est un lieu commun que de rappeler que les indigènes des tropiques sont imprévoyants, paresseux et dissipateurs, qu'ils n'aiment pas le travail parce qu'ils n'ont pas de besoins et qu'ils gaspillent inconsidérément les richesses que la nature leur prodigue. Par suite, la France, avec de riches et fertiles colonies, risquerait fort d'en tirer peu de profits, si elle ne se décidait pas à mettre, enfin, bon ordre à cette situation, puisque le commerce, ne créant rien par lui-même, est inapte, lui seul, à mettre le pays en valeur.

Voici, au surplus et en substance, comment se fait le commerce dans les pays neufs.

Partout à l'origine, c'est le régime des échanges en nature, le *troc*. Puis, avec la fréquence des rapports, l'activité des affaires, la nature des besoins, apparait la nécessité d'une *commune valeur;* c'est la monnaie, signe représentatif, qui, plus tard, devient une marchandise, un métal le plus souvent, ayant sa valeur propre. La nature et l'usage des monnaies, en somme, dépendent du degré de civilisation du pays. Aux Antilles, à la Réunion, en Nouvelle Calédonie, le commerce se fait contre espèces; en Indo-Chine, à Madagascar, en Afrique, pour partie seulement; il faut remarquer que, partout, les régions côtières de nos jeunes colonies connaissent l'usage de la monnaie, tandis que, dans leur hinterland, celui-ci reste ignoré; on n'y procède que par voie d'échange : un sac de sel contre du mil, des kolas contre de l'or ou du caoutchouc, un esclave contre un fusil et de la poudre, etc., etc.

Où, comment et par quels organes se font les affaires de négoce en Afrique Occidentale?

a) En boutique; *b)* par les traitants; *c)* avec les caravanes. Les affaires de *boutique* et avec les *caravanes* se font au comptant, donc sans risques. En boutique, toutefois, on vend moins cher qu'aux caravanes qu'il faut généralement loger et nourrir pendant plusieurs jours. Il convient de signaler que ces caravanes sont rarement composées des gens de l'intérieur, qui recueillent les produits naturels, mais bien de marchands-colporteurs (*Dioulas* ici, là *Apolloniens*, etc.) qui se constituent les intermédiaires, onéreux d'ailleurs, entre les habitants des villages et les négociants de la Côte. Pourquoi les indigènes producteurs s'abstiennent-ils, presque toujours, de venir écouler, eux-mêmes, les fruits de leur travail?

L'ignorance, la timidité, le souci de n'être pas, pendant leur absence, volés et pillés par leurs voisins, la crainte d'être capturés, en cours de route, et menés en esclavage, sont les raisons principales de cette abstention fâcheuse, en réalité, pour eux comme pour nous, les intermédiaires prélevant à notre commun détriment de gros bénéfices qui ne profitent pas au pays.

Quant au commerce, qui se fait avec le concours des *traitants*, il nécessite des découverts, parfois élevés, à leur consentir, puisque, c'est à l'aide des marchandises qu'on leur confie, qu'ils vont provoquer la consommation dans le fond du pays en vue d'opérer des échanges contre les produits du sol. Mais que ces traitants agissent pour leur propre compte, comme des sortes de commissionnaires, ou en qualité d'employés diversement salariés des comptoirs européens, les risques sont toujours grands (mort, disparition, fuite, mauvaise gestion, vol); les profits, à retirer de ce genre d'affaires, doivent donc être élevés pour compenser les pertes fréquentes.

En résumé, quelque soit le mode employé, le chef de comptoir, l'agent de factorerie reste chez lui; il vend les marchandises d'Europe aux indigènes; il leur achète les produits du sol. Il y a bien, aussi, les fournitures d'objets d'alimentation (riz, etc.) et de matériaux aux administrations locales; certaines maisons, même, s'y spécialisent. Mais ce n'est pas pour cela, pour y faire du négoce européen, que la France possède des colonies. Aussi importe-t-il grandement, dans l'étude des statistiques coloniales, de distinguer soigneusement entre les importations *fécondes*, c'est-à-dire celles qui sont appelées à se compenser par des exportations de produits indigènes, et les importations *stériles*, c'est-à-dire celles qui n'agissent pas, qui s'absorbent sans profit, qui s'enfouissent dans le sol, constituant, en réalité, un *capital-mort*.

Il découle des explications, qui précèdent, que le commerçant colonial ne met pas le pays en valeur, *ne colonise pas*, dans le sens normal du mot. Il vend des marchandises; il reçoit des produits, *le noir travaillant pour lui,* souvent au détriment de la richesse et de l'avenir du pays (feux de brousse, destruction des lianes caoutchoutières, etc., etc.)

**

Dire que le noir *travaille* est, en soi, inexact, attendu que le mot ne convient guère au fait de détacher des palmiers quelques régimes de palmistes ou de recueillir, avec le moins d'efforts possible, un peu de latex dont la coagulation n'est même pas l'objet de soins tant soit peu vigilants. Cela se comprend, d'ailleurs, assez bien, l'indigène vivant d'une banane ou d'une racine de manioc.

Or, si les peuples civilisés sont allés s'établir dans les pays sauvages, c'est assurément pour en tirer profit et celui-ci ne viendra *utilement et pour longtemps* que par le travail; il convient d'employer les moyens que la nature a créés dans ce but. « Si l'on veut exploiter l'Afrique — dit le savant docteur allemand Peters, — il faut faire de la force nègre le facteur actif de cette exploitation. Si l'on tient ceci pour injuste, on n'a plus qu'à se retirer du continent noir. Tel est le dilemme; il faut choisir entre ces deux alternatives; il n'y en a pas d'autre. »

Le problème de la main-d'œuvre, important dans toutes nos colonies, est donc, en Afrique, d'une gravité exceptionnelle. C'est une question vitale qui laisse les autres au second plan.

Avant 1848, l'esclavage facilitait bien les choses et les esclaves n'étaient pas trop à plaindre. Mais, depuis l'abolition de l'esclavage, la situation s'est singulièrement compliquée, eu égard à la nécessité de concilier nos idées sur la liberté et l'égalité humaines, avec l'impérieux besoin de tirer parti d'un domaine qui nous a coûté beaucoup de sang et d'argent.

Le but à atteindre est donc d'assurer une main-d'œuvre *abondante* à celles de nos colonies qui en manquent, *stable et bon marché* à celles qui en ont, mais qui, jusqu'ici, n'ont pas pu l'utiliser ou su l'organiser.

L'INSTITUT COLONIAL INTERNATIONAL a envisagé un certain nombre de procédés que, suivant lui, les peuples colonisateurs pourraient employer dans ce but :

1° Il a préconisé le contrat individuel, *librement* consenti, aux conditions ordinaires du pays. — Or, dans les *colonies d'exploitation*, les indigènes ne sentent pas le besoin du travail et, dès qu'ils ont quelque argent, ils désertent les chantiers. Ce qui s'est produit, après l'abolition de l'esclavage en 1848, aux Antilles, où les noirs ont cessé tout travail, est probant à cet égard, la ruine de ces colonies s'étant produite malgré les palliatifs tentés par l'État, tels que des essais d'importation de main-d'œuvre exotique, chinoise ou hindoue. Plus récemment, d'importants travaux publics, entrepris dans plusieurs de nos jeunes colonies, s'ils n'ont pas été totalement compromis, sont devenus, comme en Guinée, sérieusement onéreux pour le même motif : absence ou irrégularité de main-d'œuvre.

Le système *des contrats individuels, librement consentis, aux conditions ordinaires du pays*, est donc inapplicable dans son ensemble, mauvais et même dangereux pour les colonies africaines.

2° Le second procédé, indiqué, consisterait à exiger des populations indigènes *un impôt payé en journées de travail;* c'est la corvée, qu'on a violemment attaqué et bien à tort. Car l'impôt, quel qu'il soit, payable en nature ou en argent, — réclamé aux indigènes —, puise sa justification dans la paix, dans la sécurité que notre présence apporte aux pays conquis et qui, naguère encore, étaient en proie aux dévastations fréquentes de conquérants féroces du genre des Samory et consorts. L'État civilisateur a fait les dépenses de l'occupation ; il continue à exposer les frais de l'administration ; l'impôt compensateur, qu'il établit, est donc légitime. Mais comment le percevoir de populations arriérées qui, presque toujours, ignorent la valeur, l'existence même du signe monétaire? Si on l'exige en *produits* du sol, le commerce protestera, ainsi qu'il l'a déjà fait, en alléguant que l'Administration le prive ainsi de bénéfices sur lesquels il était en droit de compter, en les achetant directement aux indigènes. Si on le fait payer en *services*, les travaux publics de la colonie y trouveront de grandes facilités; mais certains objecteront, qu'en enlevant ainsi des bras à la culture (!!!), celle-ci est exposée à souffrir; les philanthropes interviendront; les négrophiles protesteront, sans bien se rendre compte, d'ailleurs, de ce dont ils parlent et du mal qu'ils font à l'amélioration même de la condition des indigènes. Si, enfin, l'État se borne à demander que l'impôt soit versé en espèces, il faudra en introduire dans le pays et les noirs, pour s'en procurer, avec le moins de peine possible, détruiront les richesses de la terre, *tuant ainsi la poule aux œufs d'or.* On le voit, à l'occasion de l'impôt, c'est encore et toujours l'organisation de la main-d'œuvre, du travail indigène qui réapparait, qui s'impose à l'attention.

3° L'emploi de la *main-d'œuvre pénale*, proposée en troisième lieu, a donné de trop piètres résultats pour qu'on s'y arrête longuement. Elle est mauvaise, en soi, parce qu'elle émane d'éléments dégénérés. Elle est, pour le budget de l'État français spécialement, extrêmement onéreuse, puisque chaque transporté coûte annuellement plus de 700 francs, alors que son travail rapporte de 55 à 60 francs en moyenne. On doit donc affirmer qu'il ne faut pas compter sur la main-d'œuvre pénale pour la colonisation.

4° A défaut de pouvoir employer l'un des trois procédés, qui viennent d'être résumés, l'État pourrait recourir au moyen de l'*immigration exotique.* Il fournirait aux colonies dépourvues (Antilles, Guyane, Réunion), des travailleurs *libres, importés du dehors, mais engagés par des contrats à termes.* On puiserait, ainsi, dans les *districts congestionnés*, dans les pays surpeuplés comme l'Inde et la Chine, pour fournir les contrées pauvres d'habitants. Les grands « réservoirs d'hommes » connus sont bien l'*Afrique*, l'*Inde* et la *Chine*. Mais voici ce qu'on doit en penser en tant que sources possibles de main-d'œuvre pour le reste du monde colonial.

a) L'*Afrique* peut, à peine, se suffire à elle-même. L'ancienne traite des esclaves et les destructions musulmanes (Ahmadou, Samory, Rabah, etc.) l'ont appauvrie en hommes; mais la race noire étant prolifique, ce phénomène ne doit être que passager.

b) L'*Inde* est peuplée largement; mais elle appartient aux Anglais et ceux-ci multiplient les difficultés pour que les autres nations n'y puisent pas, à telle enseigne que, malgré le traité franco-anglais de 1860 sur la matière, nous avons dû y renoncer depuis 1877, pour éviter des complications de toute nature. Au surplus, la qualité de la main-d'œuvre hindoue est très variable et d'un rendement insuffisant à cause de la faiblesse constitutive des indigènes de ce pays.

c) La *Chine* pourrait évidemment, à elle seule, fournir de travailleurs toute la zone torride. La main-d'œuvre chinoise, quand on sait la recruter en s'adressant aux *congrégations* (associations chinoises) qui garantissent l'exécution des contrats, est *abondante* et *bon marché*, le Chinois ayant le goût et l'intelligence du travail ainsi qu'une grande résistance à la fatigue. Mais cette main-d'œuvre est *peu stable* et n'offre que des éléments temporaires et qui, par conséquent, demandent à être renouvelés. En effet, dès qu'un Chinois possède un petit pécule, il se livre au négoce si infime soit-il et, vivant chichement, il réussit presque toujours. Mais, comme son unique rêve est le retour au pays natal, il y envoie son argent et ne laisse aucun élément de richesse dans la colonie qu'il habite temporairement et de laquelle il se borne à vivre. Aussi les Chinois sont mal vus presque partout dans les colonies européennes.

D'ailleurs, l'expérience démontre que, pour des raisons de haine de race et de climat, il ne faut plus songer à l'importation jaune en Afrique Occidentale; ce qui s'est produit, lors de la construction des chemins de fer de Dakar à Saint-Louis et de Matadi au Stanley-Pool, est probant à cet égard.

Depuis l'abolition de l'esclavage, en 1848, jusqu'à nos jours, l'État français a multiplié ses efforts pour activer l'immigration aux Antilles et à la Réunion dont les intérêts souffraient gravement de cette modification dans leur vie économique. Toutefois, pour éviter des abus possibles de la part des gens se livrant à l'importation de la main-d'œuvre exotique, il avait imposé son intervention au moment de la formation des contrats d'engagement, pendant le cours de leur exécution, lors de leur terminaison, soit que l'immigrant veuille rentrer au pays natal, soit qu'il désire rester dans la colonie. Tout était donc prévu : fixation du taux des salaires et de leur mode de paiement, durée du travail quotidien et repos hebdomadaire, conditions du transport et du logement, mode de rapatriement. Eh bien ! malgré tous ces avantages en faveur des immigrants, ils sont restés insuffisants et quant au nombre et quant aux résultats de leur travail (prix de revient élevés, maladies, rendements inférieurs). En fait, les Antilles et la Guyane n'y recourent plus ; à la Réunion, on prend des précautions pour éviter que le commerce local se plaigne de la concurrence chinoise.

Au Tonkin, on a adopté un contrat de métayage intéressant et de nature à favoriser la colonisation des parties élevées, pauvres en habitants. Le citoyen français, ayant obtenu une concession de terres, groupe un certain nombre de familles (et non pas d'individus) annamites, leur assigne un emplacement déterminé et leur consent des avances en semences de riz, bétail et matériel agricole. Le partage de la récolte a lieu ainsi : un tiers au propriétaire, un tiers aux métayers, le dernier tiers servant à l'amortissement en trois ans des avances faites. Ce sont, là, des arrangements permanents et de nouveaux villages arrivent rapidement à se former. Les résultats sont donc bons.

Quant à la main-d'œuvre libre tonkinoise, on a essayé de la régulariser. Un arrêté (26 août 1899) de M. Paul Doumer, Gouverneur général de l'Indo-Chine, prévoit la création de livrets de travail et *édicte des sanctions pénales*, en cas de violation de ses engagements par l'ouvrier indigène. C'est, là, une réelle innovation — eu égard à nos habitudes juridiques —, mais dont les effets seront assurément heureux, au Tonkin, et... dans d'autres colonies si elles se décident à l'adopter.

V

LE PROBLÈME DE LA MAIN-D'ŒUVRE EN AFRIQUE ET L'ESCLAVAGE.

Le nègre, qu'il soit civilisé (!) ou non, déteste le travail. On l'a vu, aux Antilles, en 1848, et, de nos jours, l'exemple de la république noire de Libéria est encore plus probant. Les promoteurs (1820), philanthropes anglais et américains, de cet État, ou mieux, de cette agglomération nègre, le long de la côte de Guinée, au sud de Sierra-Léone, prétendaient, en fondant cette colonie africaine de noirs, venus d'Amérique, mais restitués à la terre de leurs ancêtres, leur permettre de résoudre eux-mêmes le *problème définitif de la race noire*. Dans cet État grotesque, — qui n'a d'État que le nom — fondé depuis environ 80 années, on voit que, aujourd'hui, la partie dite *civilisée* (noirs américains) rejette, sur la partie *inculte* (noirs africains autochtones) tout le fardeau du travail. C'est une expérience — utile certainement — mais qui a assez duré. Elle démontre surabondamment comment le noir *civilisé* comprend le *problème de la race noire*. Laissé à lui-même, il retourne à la paresse, à sa nature inférieure et ne semble pas susceptible de perfectionnement permanent.

C'est donc une erreur évidente — tout au moins en ce qui concerne les indigènes de l'Afrique — que de dire que « le goût du travail est plutôt une affaire d'éducation que de race ». Ce qui précède le prouve. Il est arrivé que, au Soudan, quand on a tenté de libérer des esclaves, ils n'ont ni voulu, ni su travailler pour eux-mêmes; ils sont presque toujours retournés chez leurs anciens maîtres.

On est fréquemment surpris, en Guinée, de rencontrer, dans les villages, d'anciens élèves des Missions qui, ayant su lire et écrire, comprennent à peine la langue française au bout de 2 ou 3 ans. Interrogés à cet égard, les missionnaires — très utiles pour l'établissement de notre influence morale, les idées chrétiennes dépassant l'entendement des noirs — se bornent à formuler l'espoir que, après plusieurs générations d'éducation persistante et de croisements choisis, la situation s'améliorera. L'avenir dira qui se trompe!

En attendant, et, pour voir les choses comme elles sont, le nègre n'ayant ni le goût ni le besoin du travail, il faut ou renoncer à importer au continent noir nos idées d'hommes civilisés en matière de liberté et d'égalité, ou se dire que, faute de travail, le pays, restant inculte, ne pourra jamais être mis en valeur. Nos sacrifices seront-ils donc vains et nos conquêtes inutiles? Oui, si nous voulons appliquer à l'Afrique actuelle notre civilisation avec l'arsenal de ses règles compliquées en matière de droit individuel et de propriété, sans parler de nos rouages politiques, judiciaires et administratifs qui, là-bas, seraient un fléau. Non, si, agissant opportunément, nous savons utiliser une institution plusieurs fois séculaire, universelle, acceptée par tous et que les pouvoirs locaux sont obligés de tolérer, entre indigènes tout au moins.

C'est l'*esclavage*, mot qui résonne mal, mais qui, en réalité, diffère essentiellement de ce qu'était l'ancienne traite avec son cortège de sévices, d'horreurs et de cruautés. Autre chose, actuellement, sont les *esclaves* véritables, pris à la guerre ou achetés à leurs conquérants ; ceux-là, obligés aux travaux les plus durs, sont réellement peu heureux, sans bien toutefois se rendre un compte exact de leur abjection ; autre chose, au contraire, sont les *captifs* ou *esclaves de case* ; nés dans la maison du maître ou à son service, ils peuvent posséder et se groupent parfois en villages ; ils ont plusieurs jours — deux généralement — de liberté par semaine ; au total, leur condition est infiniment plus douce que celle des gens de service en Europe.

Il y a, aussi, l'*esclavage contractuel* ; mais c'est plutôt une location temporaire de services permettant à des individus de parcourir, en commun, sans être isolés et exposés à mille dangers, des distances parfois considérables.

Le *captif de case* — seul genre dont le nombre soit encore très élevé par rapport à la population totale, ne désire pas la liberté ; il en a même rarement l'idée ; les avantages lui en échappent, étant heureux de son sort. On peut donc affirmer que l'esclavage — tel qu'il est en réalité, et non pas tel qu'on se le figure — ne rend pas le nègre malheureux. Nous pouvons, nous devons donc utiliser cette institution — dans l'intérêt même des indigènes — pour améliorer leur situation matérielle et morale, afin de les conduire graduellement à la liberté. Avant d'affranchir les noirs de l'obligation du travail, il faut les régénérer par le travail lui-même, en leur faisant sentir les avantages matériels qu'ils peuvent retirer de sa rémunération. Ayant de l'argent, au début parfois un peu malgré eux, ils achèteront des objets dont l'usage fera naître pour eux des besoins d'habitude ; apprenant la valeur du travail, ils feront d'autant plus volontiers les efforts nécessaires qu'ils se savent, d'ores et déjà, assurés d'une possession paisible. Par suite de l'obligation d'un travail rémunéré, l'amélioration de leur état matériel les amènera, à leur insu, à comprendre l'utilité, les vertus du travail. De la sorte, le problème de la main-d'œuvre africaine sera facilement résolu.

Qu'a-t-on fait, jusqu'ici, dans la pratique ? Rien, ou peu de choses.

Après la suppression, trop brutale, de l'esclavage à Madagascar, le général Galliéni avait eu l'ingénieuse idée des prestations en nâture, afin de fournir du travail à la colonie pour ses travaux publics, aux colons pour leurs cultures. De fâcheux incidents d'ordre parlementaire en firent décider la suppression et on y substitua un impôt de capitation, payable en argent et dont le taux varie suivant les provinces. Tout cela a profondément troublé les intérêts de la grande Ile.

Au Soudan, pendant et après la conquête, le général de Trentinian imagina deux systèmes pour faciliter la libération des indigènes. Obligé de recruter, dans le pays même, ses tirailleurs soudanais, il acheta à leurs maîtres un certain nombre d'esclaves — les mieux conditionnés bien entendu — et rentra dans ses débours en leur faisant accomplir deux ou trois ans de service militaire, après quoi ils se trouvaient être des hommes libres. Par ailleurs, l'ancien Lieutenant-Gouverneur du Soudan créa un certain nombre de nouvelles agglomérations qu'on dénomma *villages de liberté*. L'apathie naturelle des noirs a produit — malgré l'excellence de l'idée — des résultats insignifiants, dès que, après la cessation de l'occupation militaire, la surveillance constante des blancs disparut.

Au Dahomey, les travaux d'infrastructure du chemin de fer ont donné l'occasion au commandant Guyon de tenter une expérience intéressante. Les terrassements sont donnés aux chefs de village pour être accomplis à la tâche; c'est à eux de s'organiser en conséquence avec les indigènes. Jusqu'ici les résultats sont, paraît-il, excellents.

Au Congo, où l'arrivée de 45 Sociétés concessionnaires a rendu la question de main-d'œuvre absolument brûlante, l'administration de M. Albert Decrais, ministre des colonies, avait songé à cette heureuse combinaison : un impôt de capitation, payable en nature, serait établi et son produit serait cédé par les chefs de cercles aux sociétés qui leur en rembourseraient la valeur en espèces. De la sorte, on espérait donner graduellement aux indigènes l'habitude du travail pour mettre progressivement le pays en valeur. Ce projet, pour diverses raisons, n'a pas encore été appliqué. Il faut espérer qu'il le sera bientôt.

En résumé, ce qui a été tenté jusqu'ici ne constitue que des expédients plus ou moins heureux, variables et restreints dans leurs applications. On peut donc dire qu'en Afrique, à l'inverse de l'Indo-Chine, on n'a encore rien fait pour faciliter la colonisation par le travail. A la Côte d'Ivoire, en Guinée, au Sénégal et au Soudan, tout est à organiser. Mais comment et sur quelles bases ?

Un fait d'expérience s'impose d'abord à l'attention : *les noirs ne travaillent bien que quand ils sont éloignés de leur village* (les Sénégalais au chemin de fer du Congo belge — les Kroumen dans le golfe de Guinée). On devra donc déplacer les travailleurs indigènes, soit d'une colonie à une autre, soit même dans l'intérieur de la même colonie, mais uu peu loin. On traitera soit avec les maîtres de captifs, er tipulant qu'une partie des salaires servira au rachat de leur liberté, soit avec les chefs de villages en leur assurant une rémunération pour leur peine de rechercher et de discipliner les travailleurs. Quant à la durée des contrats, ils pourront être à court terme le plus souvent — 6 ou 8 mois — et cela pour deux raisons : *a*) la date de la fin des contrats devra coïncider avec l'arrivée de la saison des pluies ; c'est l'époque à laquelle les indigènes font leurs plantations ; il convient donc de ne pas les détourner des cultures vivrières qui servent à l'alimentation locale ; *b*) avec des contrats à court terme, les employeurs traiteront d'autant mieux leurs ouvriers iudigènes qu'ils voudront se les assurer pour la saison suivante. Mais, si les travailleurs veulent se soustraire à leurs obligations, il faudra faire appel, comme M. Paul Doumer l'a édicté au Tonkin, à des sanctions pénales. N'ayant rien de saisissable, l'indigène se moque d'être condamné à des dommages-intérêts ; il fuit dans la brousse et tout est dit. Quoiqu'il en soit, les contrats devront toujours être sanctionnés par les Administrateurs sous le contrôle desquels ils auront été conclus. C'est de toute nécessité pour assurer sérieusement notre autorité sur des populations ignorantes et simplistes, ne comprenant rien à nos règles de la séparation des pouvoirs : à leurs yeux, celui qui a donné l'ordre doit pouvoir le faire exécuter et sévir s'il est désobéi. Telle est la solution qui semble la meilleure et la plus pratique.

Tout ce qui précède peut se résumer ainsi : l'obligation du travail moralisera les noirs d'abord, puis les enrichira suffisamment pour leur permettre, après le rachat de leur liberté, d'apprécier et de pouvoir acquérir les bienfaits de la civilisation.

VI

LES CAPITAUX DANS NOS COLONIES ET LES GARANTIES QU'ILS RECHERCHENT.

On a dit que, dans l'ordre économique, la colonisation était surtout une affaire d'argent, attendu qu'il ne suffit pas de posséder des colonies fertiles et une main-d'œuvre convenable ; la mise en valeur des terres exige des capitaux et beaucoup. Or, en France, quand il s'agit d'entreprises coloniales, le capital est généralement timide. Les hésitations persistantes proviennent, à la fois, des échecs passés, de la mauvaise réputation de ce que l'on a l'habitude d'appeler les coloniaux, de l'insuffisance de nos connaissances en la matière, des entraves administratives, de risques trup grands sans compensations suffisantes. Aussi la nécessité d'intéresser les capitalistes aux affaires coloniales préoccupe, à juste titre et depuis longtemps, nos hommes d'Etat quelque soit leur idéal potitique.

Aux colonies, les capitaux pourraient trouver des emplois rémunérateurs dans les travaux publics, dans les exploitations agricoles, forestières et minières, dans les affaires commerciales. En fait, on se porte vers celles-ci de préférence, parce qu'elles comportent des risques moindres et à plus court terme.

En fait de travaux publics (warffs, chemins de fer, etc.), confiés à des particuliers, le capital remarque qu'il n'est jamais bien traité par l'Etat ; on lui impose des clauses draconiennes qui l'éloignent, ou encore on lui refuse les avantages les plus élémentaires. Qu'arrive-t-il ? C'est que l'Etat est forcé de se faire entrepreneur et ça lui coûte toujours fort cher ; exemple : les chemins de fer du Soudan, de la Guinée et de Madagascar. Si, par aventure, l'opération paraît bonne, le capital s'y intéresse. Mais, que l'entreprise éprouve des difficultés souvent passagères, l'Etat se garde bien de l'aider tant soit peu. Quand, au contraire, on suppose qu'elle gagne de l'argent, on la jalouse, on lui multiplie les entraves, on lui rachète sa concession, ce qui la prive de bénéfices légitimement espérés. On devrait, cependant, se rappeler le mot de Paul Bert : « le vrai rôle d'un Gouverneur est d'enrichir les colons et la meilleure réclame en faveur des colonies serait de renvoyer en France des colons millionnaires. »

Si on parle aux capitalistes de s'intéresser à des exploitations agricoles, forestières et minières, ils ne manquent pas de rappeler les tribulations par lesquelles M. Chautemps, alors Ministre des Colonies, fit passer les concessions Daumas et Verdier, jusqu'à ce que, enfin, le Conseil d'Etat remît tout au point, et que des conventions transactionnelles intervinssent entre l'Etat et les intéressés.

Quant aux affaires commerciales, si l'on incite les capitaux à en commanditer, ils ne négligent jamais d'établir des comparaisons entre les très gros béuéfices qu'elles procuraient jadis « au bon temps de la navigation à voile et des cargaisons de pacotilles » et les gains très restreints qui sont dus, de nos jours, à une concurrence, aveugle sur ses propres intérêts, et puissamment facilitée par le télégraphe et la navigation à vapeur. Que les grands magasins réussissent chez nous, en majorant fort peu leurs prix de revient, cela s'explique parce que, vendant au comptant, leur capital se renouvelle plusieurs fois au cours de l'année et n'est pas exposé à des risques de crédit. Aux colonies, en Afrique plus spécialement, il en va tout autrement : l'éloignement, le défaut de surveillance constituent autant d'aléas ; quant à l' rgent, s'il se renouvelle, dans l'ensemble, plus d'une fois par an, on doit se considérer comme particulièrement favorisé.

Comment donc se font les affaires non pas *dans* (on l'a vu précédemment), mais *avec* les pays d'outre-mer, et notamment de la Côte Occidentale d'Afrique ?

De trois principales manières :

1° On crée en France une maison mère dont les établissements coloniaux ne sont, en réalité, que les succursales dirigées par des Agents salariés et parfois intéressés dans les affaires. La lenteur et la difficulté des communications, la longueur souvent nécessaire des crédits aux traitants, les retours toujours tardifs des produits venant des échanges, obligent à réunir et à pouvoir disposer de gros capitaux à long terme. Les avantages incontestables de cette organisation sont les suivants : on travaille avec son argent, ce qui permet d'attendre plus facilement les résultats des opérations engagées ; on achète, *soi-même*, les marchandises à expédier, ce qui permet d'obtenir les meilleurs prix et conditions possibles ; on vend directement, ou à peu près, les produits importés dont, par la proximité où l'on est des grands marchés, on peut tirer la quintessence. Par contre, le chef de maison, qui est ainsi forcé de résider en Europe, se trouve à la discrétion de ses agents coloniaux, dont soit l'imprudence, soit l'indolence, soit la malhonnêteté, soit l'ardeur excessive, soit la maladie et même la mort peuvent compromettre gravement les intérêts. La concurrence énorme, que se font maladroitement les comptoirs entre eux, a diminué fortement les bénéfices ; l'écart entre les prix de revient et les prix de vente est tombé — en Guinée Française, par exemple, et ailleurs — d'une moyenne de 35 à 40 0/0 à de 12 à 15 0/0, ce qui couvre à peine les frais généraux. La plus grande circonspection s'impose donc, de nos jours, aux hommes et aux capitaux désireux de se lancer dans le commerce colonial.

2° Aussi, pour faire ce genre d'affaires, on préfère parfois confier son argent à des commissionnaires en marchandise, dont les clients, étant répartis un peu dans le monde entier, leur permettent de répartir leurs risques, qui se compensent de la sorte entre eux. En ce cas, la commissionnaire crée rarement une maison, à lui propre, dans telle ou telle colonie ; il se borne à commanditer d'anciens agents de commerce qu'il connaît et en qui il a confiance. Il n'ignore pas, d'ailleurs, les dangers auxquels il est exposé : malversations possibles ou décès de ses commandités. Aussi s'efforce-t-il de se couvrir d'avance de son mieux, en gardant pour lui le plus de bénéfices possible ; comment ? En facturant, par exemple, les marchandises plus cher qu'il ne les achète ou en majorant ses frais et commissions. Pour le commandité, l'on aperçoit de suite l'inconvénient : les marchandises lui revenant à un prix plus élevé, il se trouve moins bien placé pour les écouler avantageusement.

3° La crainte de subir de semblables procédés et, aussi, le désir de travailler, non pour leur commissionnaire, mais pour eux seuls, a, quelquefois, engagé des jeunes hommes, énergiques et possédant certains capitaux, à s'établir directement à leur compte dans les colonies. Etre sur place, surveiller ses propres intérêts, veiller sans cesse à l'économie sur les frais généraux, c'est très séduisant et l'on pourrait penser que ce mode de procéder est le meilleur. Eh bien ! non, il est le moins bon — pour le négoce africain surtout — attendu que, ne pouvant pas être en Europe pour acheter ses marchandises et vendre ses produits, on est exposé à voir ses intérêts sérieusement sacrifiés, dans les deux cas, au profit de correspondants dont il est impossible de se passer.

La conclusion, qui découle de cet examen, c'est que la première méthode (maison-mère en Europe avec succursales aux colonies) est encore la moins mauvaise, bien qu'il faille retenir qu'une concurrence aveugle a fait monter inconsidérément le prix d'achat des produits et avili le prix de vente des marchandises, sans profit pour personne, les indigènes n'économisant pas. Cette situation lamentable est due à ce que, par exemple, dans une colonie naguère productive pour un certain nombre de maisons, de nouveaux venus se sont établis et que, pour se faire une place au soleil, pour attirer la clientèle, ils ont acheté plus cher et vendu meilleur marché ; les anciens comptoirs, pour se défendre, ont surenchéri dans les deux sens ; tout s'est trouvé gâté, sans remède efficace, attendu qu'il se rencontre toujours des gens, gênés, [obligés de réaliser et des employés indélicats qui trompent, pendant toute une saison, leur maison d'Europe par de grosses expéditions de produits, en masquant les sacrifices qu'ils ont dû faire pour se les procurer. Il n'y a guère — et encore pas toujours au début d'une entreprise — que l'inventaire annuel qui permette de connaître l'importance du déficit. En résumé, il convient de se garder, en matière de commerce colonial, d'établir des prévisions : des événements imprévus, des dangers de toute sorte peuvent déjouer celles que l'on peut considérer comme les plus sages. A ces idées, qu'on serait tenté de qualifier de pessimistes, on pourrait vouloir opposer l'accroissement continu de notre commerce colonial, tel qu'il ressort des statistiques qui sembleraient, à ne consulter que les chiffres globaux, prouver l'état prospère de nos colonies. Eh bien ! Que prouvent ces chiffres, en général ? C'est que nos colonies importent plus qu'elles exportent, tandis que c'est l'inverse qui devrait se produire normalement, excepté pour les plus neuves qui ont nécessairement besoin d'organiser leur outillage économique. Mais comme nous terminons, ici, l'examen des questions intéressant les capitaux qui voudraient s'employer aux colonies, nous condenserons, en une courte phrase, les observations qui précèdent : *vendre beaucoup ne signifie pas vendre bien ni gagner gros.*

Voilà pour le commerce.

Le raisonnement serait à peu près identique en matière de plantations. Qu'un colon d'Afrique, à force de patience et d'énergie, découvre un terrain propice à un genre de culture déterminée, le cacaoyer, par exemple ; de premiers essais lui ont donné confiance ; la population environnante lui permet de compter sur une main-d'œuvre suffisante et bon marché ; ses calculs sont établis et ses prix de revient lui assurent de bons bénéfices. Sa prospérité ne sera jamais de longue durée. Il réussit, cela s'est vu ; vite, deux, trois personnes, parfois plus, viennent s'installer auprès de lui et profitent, sans bourse délier, de l'expérience qu'il a acquise à force de temps et d'argent. On lui enlève ses meilleurs auxiliaires en les payant plus cher ; le coût de la main-d'œuvre monte et s'exagère ; l'opération, qui était bonne au début, devient mauvaise. A qui la faute ? Le colon *n'a pas pu* s'entourer de sécurités suffisantes. Or tout cela se sait dans notre pays ; aussi le capital s'abstient, ou, tout au moins reste excessivement timide, parce que, comme on l'a dit, « il n'a pas

encore trouvé la nature des garanties que, dans les colonies, il est
en droit d'exiger. »

VII

LE COMMERCE LIBRE ET LES COMPAGNIES A CHARTES.

Nous verrons, plus loin, que le système des concessions territoriales est à peu près ce qu'on a trouvé de mieux :

1° Pour donner aux capitaux certaines sécurités indispensables,
tutélaires contre les excès de la concurrence ;

2° Dans le but d'organiser la mise en valeur méthodique de nos
jeunes colonies.

Rappelons, d'abord, pourquoi le commerce libre a toujours paru
inapte à cette œuvre ; nous verrons, ensuite, comment et par quels
procédés, depuis le XVIIe siècle jusqu'à nos jours, l'on s'est efforcé
d'atteindre ce double objet. En effet, pas de mise en valeur coloniale
sans argent, pas de capitaux sans un certain nombre de garanties.

« Le commerce colonial ne se guide pas par l'étude et le raisonnement » (Colbert). « Les marchands sont incapables de voir plus loin
que leurs bénéfices annuels et la distribution immédiate des divi-
dendes est leur seul idéal » (Adam Smith). En matière de colonisation
— faut-il dire aussi — le commerce ne s'inquiète ni des lieux d'origine, ni des moyens de cueillette. L'âpreté de la concurrence ne lui
permet pas d'attendre un paiement lointain de ses efforts. C'est
pourquoi l'on a pu dire que le commerce n'a ni *pu*, ni *su*, ni *voulu*,
faire œuvre véritable de colonisation, ainsi que l'expérience du passé
et l'exemple du présent le démontrent surabondamment. Le commerce libre ne produit d'heureux effets — en sus de chez les peuples
civilisés où les gens sont généralement à la fois consommateurs et
producteurs — que dans les colonies de peuplement, et aussi, dans
les vieilles colonies (Antilles et Réunions) qui sont assimilables à la
Métropole.

Dans nos colonies nouvelles, l'intérêt de l'État colonisateur est
tout autre que celui du commerce : conserver et améliorer les ressources naturelles du sol, augmenter leur production, tel doit être
son principal objectif. Mais, pour activer la mise en valeur des
colonies, il faut décider les capitaux à s'y rendre. Cela a toujours été
la difficulté. L'ancien régime — tout le monde le reconnaît — était
passé maître en cette matière. La création des grandes compagnies

de colonisation n'avait pas d'autre but ; avec les droits de souveraineté, de propriété qui leur étaient conférés, avec les monopoles de commerce dont elles jouissaient, on doit avouer qu'elles bénéficiaient de moyens puissants ; aussi leur œuvre colonisatrice est-elle indéniable, abstraction faite des fortunes diverses qu'elles ont traversées.

Les résultats ont, d'ailleurs, été si probants, que l'Angleterre et les autres peuples colonisateurs des xviie et xviiie siècles adoptèrent le système de colonisation, inauguré en France, et dont les principaux types furent la *Compagnie des Indes Orientales* (1642), la *Compagnie des Indes Occidentales* (1664), la *Nouvelle Compagnie des Indes*, fondée par Law, en 1719, et abolie par Louis XV, en 1769, sur la réclamation des marchands !!!

A côté des avantages incontestables qu'offrait à la royauté, par l'extension énorme de l'influence française au-delà des mers, cette institution des Compagnies de colonisation, le seul reproche, *partiellement* fondé qu'on ait pu leur adresser, reposait sur ce que, faute de concurrence, la cherté des marchandises, empêchant la consommation de croître, nuisait, à la fois, au développement du pays et à l'industrie métropolitaine. Mais cela n'était vrai que pour nos colonies de *peuplement,* comme le Canada, habité par des éléments ethniques similaires à ceux de la mère-patrie, possédant des besoins et des qualités de travail et d'économie analogues aux nôtres ; au contraire, cette objection ne portait pas pour nos *colonies d'exploitation* habitées par des races paresseuses, imprévoyantes et auxquelles l'esprit d'économie a toujours été et est resté étranger. Cet argument est le seul qu'on oppose, du reste, au système actuel des concessions territoriales. La réponse est facile, on vient de le voir.

L'œuvre colonisatrice de la royauté, après s'être ralentie au xviiie siècle, s'est arrêtée tout-à-fait à la fin du règne de Louis XV. La Révolution française et Napoléon Ier eurent malheureusement d'autres soucis qui permirent à l'Angleterre de prendre pied un peu partout dans le monde entier. Quand elle ne conquérait pas violemment, elle préparait la colonisation par l'entremise des *Compagnies à chartes.* Le procédé lui a réussi et on connaît, à l'époque contemporaine, les agissements des trop fameuses *Compagnie Royale du Niger* et *Brittsh South Africa* (vulgairement appelée la CHARTERED). Le Portugal a, lui aussi, ses Compagnies à chartes de *Mossamédés* et de *Mozambique.* Enfin, l'Allemagne a recouru à des pratiques similaires en donnant d'immenses territoires, à notamment, deux grandes Sociétés chartistes : la *Compagnie du Nord-Caméroun*, la *Compagnie du Sud-Caméroun*.

En résumé, sous l'ancien régime comme dans les temps modernes, les États colonisateurs ont toujours considéré comme leur appartenant en toute propriété les terres plus ou moins *vacantes* de leurs colonies, ce mot pouvant se comprendre de diverses façons et dans un sens plus ou moins large.

En Angleterre, les droits de l'État se sont exercés différemment, suivant qu'il s'agissait des colonies à gouvernement responsable (Canada, Cap, Australie, etc.) ou des colonies de la Couronne, administrées directement par celle-ci. L'adjudication publique, la vente amiable, la concession à titre gratuit ont successivement ou simultanément été pratiquées pour l'aliénation des terres domaniales. Dans les colonies de peuplement, comme l'Australie et la Nouvelle-Zélande, on a encouragé la colonisation au moyen du système de Wakefield, dont les caractères principaux peuvent se résumer ainsi : *a*) vente amiable des terres domaniales à un prix uniforme, dans le but d'éviter la spéculation ; *b*) fixation du prix à un taux assez élevé, de manière à ce que, seuls, les colons ayant des ressources puissent se rendre acquéreurs et faire œuvre utile ; *c*) élimination, par ce procédé, des autres éléments appelés, par suite, à constituer une main-d'œuvre certaine dont l'introduction devait, au surplus, être favorisée au moyen du produit de la vente des terres.

Les résultats du système de Wakefield sont restés incertains et irréguliers. Aussi les critiques ne lui ont pas manqué. En voici un résumé succinct : *m*) le système, basé sur la vente amiable, n'est applicable qu'aux colonies de peuplement ; *n*) le prix de vente des terres ne doit pas être fixé *à priori*, mais d'après la loi de l'offre et de la demande ; *o*) le produit de ces réalisations, au lieu d'être exclusivement consacré à l'immigration, mérite d'être, tout au moins pour partie, employé à des travaux publics de mise en valeur (routes, chemins de fer, etc.) ; *p*) l'achat, lui-même, absorbe inutilement les premières et plus précieuses ressources des colons.

La conclusion, qui découle de l'examen qui précède, est que, si la *vente aux enchères* se comprend dans les agglomérations urbaines, la *vente amiable*, par contre, ne se justifie, en elle-même, pour les terres domaniales seulement, que quand, ayant été déjà cultivées, elles ont acquis une valeur intrinsèque et d'estimation possible.

Dans les autres cas, et quand on se trouve en présence de territoires vagues, incultes et inorganisés, la concession gratuite moyennant des conditions déterminées, ou mieux, une sorte de location à
long terme paraît s'imposer.

VIII

LE SYSTÈME DES CONCESSIONS TERRITORIALES.

Il ressort de l'étude, à laquelle nous nous sommes livré jusqu'ici,
que, dans nos jeunes colonies agricoles, celles de l'Afrique notamment, le commerce libre, s'il procure au capital qui s'y emploie, des
bénéfices élevés dans les débuts, n'en donne que d'éphémères, la
concurrence avilissant rapidement les prix sans profit pour personne, à l'inverse de ce qui se produit chez nous. C'est ce qui
explique pourquoi les commerçants coloniaux n'ont jamais pu
exposer *à long terme* des capitaux pour la mise en valeur réelle du
pays. Nous avons vu comment l'ancien régime avait résolu ce problème par la création de grandes Compagnies de colonisation dont
le capital — eu égard aux droits et privilèges qui leur étaient conférés — jouissait d'un certain nombre de garanties. A notre
époque, la conception de ces garanties s'est transformée, dans notre
pays tout au moins. On laisse à l'État ses fonctions administratives,
judiciaires, financières et militaires; on ne songe plus à lui demander
de droits régaliens. Mais quand un pays est neuf, inexploré ou mal
exploité, quand, par conséquent, sa mise en valeur exige de gros
capitaux exposés à certains risques et ne peut leur produire que de
lointains profits, on a recours au régime *dit* des concessions territoriales.

Les concessions territoriales — il convient de le dire de suite —
sont très loin, à l'encontre de l'opinion reçue, de constituer de riches
monopoles ou même, plus simplement, des cadeaux rares et précieux. Ce système de colonisation offre seulement, dans certains
cas, le *minimum de garanties* qu'on est en droit d'exiger de ce
genre d'entreprises. Afin d'éviter tout malentendu, ajoutons qu'il ne
peut pas s'appliquer aux colonies de commerce et de peuplement et
que, quant aux colonies d'exploitation, il faut distinguer entre celles
qui sont organisées et exploitées, comme les Antilles et la Réunion,
et celles qui ne le sont pas, renfermant d'immenses territoires à

mettre en valeur, ainsi qu'il n'en manque pas au Laos, en Annam, à Madagascar, en Afrique Centrale et Occidentale.

« L'État, propriétaire des terres vacantes dans ses colonies, en concède à des personnes de son choix la jouissance temporaire, suivant des modalités variables et moyennant certaines redevances, servitudes et obligations de faire ou de ne pas faire. » Telle est la définition que l'on peut donner de la concession territoriale. Mais ce régime, pour être bon, doit présenter cette particularité, c'est de pouvoir varier, pour ainsi dire, à l'infini dans ses applications, suivant la nature de la colonie, la densité de sa population, sa position géographique, sa situation économique, le genre de ses ressources naturelles, le degré de civilisation de ses habitants, le caractère des accords diplomatiques avec les autres nations; c'est ainsi que, à ce dernier point de vue, on peut dire que l'Acte de Berlin de 1885 et la Convention franco-anglaise du 14 juin 1898 affectent, dans une certaine mesure, les droits de souveraineté des diverses puissances.

L'avenir de nos jeunes colonies de l'Afrique Occidentale dépend assurément des solutions auxquelles les Pouvoirs publics s'arrêteront au sujet de leur mise en valeur, au moyen d'une organisation pratique de la main-d'œuvre indigène, et d'une appropriation rationnelle des terres: il est nécessaire — sur ce dernier point — d'entrer dans quelques détails; la question est, d'ailleurs, tout-à-fait à l'ordre du jour dans les milieux économiques et parlementaires.

La première question, qui se pose à l'esprit des juristes, est la suivante : l'État a-t-il le droit de disposer des terres vacantes de ses colonies, et spécialement de celles de l'Afrique Occidentale ? L'ancien régime avait établi des principes très affirmatifs à cet égard. Depuis lors, les peuples colonisateurs ont suivi les mêmes règles. L'art. 713 de notre Code civil dispose que « les biens, qui n'ont pas de maîtres, appartiennent à l'État. » Or, c'est précisément le cas pour la majeure partie de l'Afrique Occidentale où la propriété individuelle — rare et limitée au surplus — n'existe pas sous la forme européenne; de plus, la presque totalité est pays de conquête; les protectorats y sont rares et ne le sont guère que de mot; le plus important est celui du *Fouta-Djallon*, en Guinée française; or, nous y avons partout des administrateurs et, partout, l'IMPÔT DE CAPITATION y a été établi par leurs soins en notre nom; notre autorité directe, indiscutable, s'est donc affirmée dans cette contrée et y a été acceptée. On peut donc dire que c'est un protectorat éminemment mitigé, pour ne pas dire plus.

La propriété, nous venons de l'indiquer, n'existe pas, en Afrique, sous la forme européenne; elle y est rare et limitée. Comment en serait-il autrement dans un pays où les villages se déplacent fréquemment, quand les cultures vivrières, faute de soins, ne viennent plus bien, quand les indigènes sont mal avec leurs voisins, ou même par simple fantaisie. Les surfaces, dignes du nom de propriétés, seraient donc celles où l'on trouve les villages et leurs maigres cultures. Or ces espaces, par rapport à la superficie totale de nos colonies africaines, sont très restreints, si l'on tient compte de la faible densité de la population, qui varie de *1* à *12* habitants par kilomètre carré, tandis qu'elle est de *72* en France et de *201* en Belgique. Il résulte de ces simples chiffres que les étendues inhabitées, incultes, inorganisées sont tout-à-fait considérables. La conclusion, qui s'impose donc d'elle-même, c'est que l'appropriation des terres africaines pent se faire sans léser de droits réellement préexistants, avec d'autant plus de raison qu'on a, jusqu'ici, toujours pris soin de prévoir des *réserves* indigènes.

Les droits de l'Etat sur les terres vacantes et la possibilité, par lui, de disposer de ce *domaine privé*, sans se heurter à des propriétaires antérieurs, dignes de ce nom et conscients de leurs droits et obligations, étant ainsi bien établis, il est intéressant d'examiner rapidement comment, depuis que la France possède un véritable domaine colonial, ses Pouvoirs Publics ont songé à sa mise en valeur.

En 1891 (février-juin), M. Eugène Etienne, alors Sous-Secrétaire d'Etat des Colonies, convoqua le CONSEIL SUPÉRIEUR DES COLONIES (qui ne l'a guère été depuis lors) et lui soumit un vaste et intéressant projet réglementant la création de *Compagnies à chartes*. Une qnestion préalable fut posée : en l'état de la législation sur la matière, convient-il de procéder par voie de décret, ou, au contraire, la voie législative s'impose-t-elle ? M. Paul Revoil, s'appuyant sur les termes de l'article 18 du Sénatus consulte de 1854, insista pour le régime des décrets ; M. Jules Ferry, ayant vivement réclamé au nom des prérogatives du Parlement, on adopta « par politesse » pour celui-ci, et sur la proposition de M. Paul Deschanel, une formule transitoire qui se résume ainsi : « le Ministre fut autorisé à procéder par décret, en attendant qu'une loi intervînt, si le Gouvernement jugeait bon de la demander aux Chambres » (9 juin 1891).

Les prévisions de MM. Revoil et Deschanel furent confirmées par les faits ; le Gouvernement déposa bien un projet de loi, le 16 juillet 1891 ; mais celui-ci ne vint même jamais en discussion.

En conséquence, l'Administration se tint pour autorisée à agir et un certain mombre de décrets — tout en n'allant pas jusqu'à créer des Compagnies à chartes — organisèrent, de 1891 à 1894, un certain nombre de concessions territoriales en faveur d'hommes, les uns simples spéculateurs, les autres dévoués à la cause française et expérimentés ; dans cette dernière catégorie, il n'est que juste de rappeler les noms de MM. Verdier, Daumas-Bérand, Le Châtellier. Les Compagnies, qu'ils ont fondées, marchent, d'ailleurs, bien et confirment l'excellence du système. Pendant un moment, leur sort fut compromis. Un ministre des Colonies, M. Chautemps, crut pouvoir annuler (27 février 1896) plusieurs des décrets de concession antérieurement contresignés par MM. Etienne et Delcassé. Les intéressés se pourvurent devant le Conseil d'Etat qui (5 mars 1897) cassa les décrets de M. Chautemps et renvoya les parties devant le ministre (alors M. André Lebon) pour la fixation des dommages-intérêts qui leur étaient dus. L'examen des transactions, qui intervinrent, est sans intérêt ici.

Vers la même époque, le Sénat fut saisi, par M. Lavertujon, d'un projet qui s'inspirait des travaux auxquels s'était livré, en 1891, le Conseil Supérieur des Colonies et qui entendait poser les règles qui devraient présider à la création de grandes Compagnies de Colonisation. La Commission Sénatoriale, à laquelle fut renvoyé l'examen de ce projet de loi, était présidée par M. de Freycinet et choisit pour rapporteur M. Pauliat dont le travail considérable ne vint malheureusement jamais à l'ordre du jour de la haute assemblée : le droit de l'Etat, à disposer de son domaine privé aux colonies, comme bon lui semblait, était, de nouveau, proclamé, la nécessité des Compagnies de colonisation pour l'œuvre de mise en valeur reconnue, et les principes, qui devaient présider à leur organisation, nettement posés.

En présence de l'impuissance parlementaire à discuter les divers projets de loi qui, émanant soit du Gouvernement, soit de l'initiative privée, avaient été soumis aux Chambres sur la matière, l'Administration, forte de cette expérience et des divers travaux, dont il vient d'être question, résolut de passer outre et, afin de ne pas retarder une mise en valeur, que tout le monde réclamait et qui n'avait que bien trop tardée, elle décida (le mérite en revient à

M. Trouillot) la création (16 juillet 1898) de la *Commission des Concessions Coloniales* qui, par sa composition (Conseillers d'Etat, Conseillers Référendaires à la Cour des Comptes, Membres de Chambres de Commerce, etc.) était de nature à donner toutes garanties d'impartialité, de savoir et de travail.

On posa, en principe, que la mise en valeur de nos colonies nouvelles serait poursuivie méthodiquement au moyen de concessions territoriales, grandes ou petites suivant le cas, mais qu'elle ne serait confiée qu'à des hommes expérimentés dans les affaires coloniales et disposant de moyens d'action suffisants, le tout à des conditions à stipuler (ce fut l'œuvre de la *Commission*), et on décida de commencer par le Congo français dont, depuis longtemps, la situation économique laissait fort à désirer.

En vue d'éviter, dans la mesure du possible, la spéculation, on défendit de faire figurer dans les apports le titre de concession ; toutefois, comme l'apporteur avait certainement droit à de certains avantages pour ses peines et soins préliminaires, on autorisa la création de *parts bénéficiaires* incessibles, sauf par les voies civiles (art. 1690 C. civ.) tant que deux exercices sociaux successifs n'auraient pas donné de bénéfices. Autant pour assurer la bonne exécution de cette stipulation et des autres clauses, et notamment de celles relatives à la participation (15 0/0) de la colonie dans les bénéfices nets, que pour activer la mise en valeur, l'État imposa à chaque société un commissaire aux comptes spécialement délégué par lui. On s'efforça, de plus, eu égard aux termes de l'Acte de Berlin de 1885 relatifs au libre accès des régions comprises dans le bassin conventionnel du Congo, d'éviter de concéder tout monopole commercial, en assurant l'exclusive jouissance des produits du sol à qui le mettrait en valeur. Tels étaient, succinctement résumés, les principes généraux qui devaient présider, après le Congo français, à la mise en valeur de nos autres colonies Ouest-africaines. L'administration centrale avait même demandé à plusieurs d'entre elles des plans de lotissement.

Mais le commerce libre redoutait, pour ses propres intérêts, l'œuvre féconde que l'État voulait mener à bien. Une campagne de presse fut commencée.

Le Ministre des Colonies, M. Albert Decrais, député de Bordeaux, eut des scrupules et il confia une nouvelle mission d'études à la Commission des concessions, présidée par M. Cotelle, conseiller d'État. Cette commission travailla avec ardeur pendant plus de six mois, fit enquêtes sur enquêtes, provoqua la manifestation complète de toutes les opinions et, finalement, à la date du 10 juillet 1900, rendit un avis fortement motivé par lequel elle se prononçait en faveur du régime des concessions territoriales, comme étant le plus apte à la mise en valeur de notre Afrique Occidentale. Puisque le Ministre instruisait leurs réclamations, il eut été naturel que les négociants côtiers attendissent le résultat des travaux qui se poursuivaient. Mais, peu confiants, sans doute, dans la solidité de leurs arguments, ils essayèrent de surprendre la religion du Parlement au moyen d'une interpellation. M. d'Agoult, député du Sénégal, développa leur thèse à la séance de la Chambre du 30 mars 1900 ; le Ministre refusa de s'engager; il évita le piège qui lui était tendu et l'ordre du jour pur et simple fut voté, presque à l'unanimité, sur la proposition de M. Louis Brunet, député de la Réunion. Les *Décrets*, organisant la mise en valeur du Congo au moyen du régime des concessions territoriales, étaient dus à M. Guillain, qui précéda M. Albert Decrais au pavillon de Flore; ils dataient des mois de février et mars 1899. Pour nos autres colonies africaines, le régime des terres fit l'objet de plusieurs décrets en date du 30 août 1900. Il convient de faire remarquer que ces décrets, qui constituent, en quelque sorte, la charte organique de nos possessions africaines dans l'orde économique, restèrent à peu près à l'état de déclaration de principes, puisque, depuis près de deux ans qu'ils ont été publiés, aucune grande concession n'a été donnée au Dahomey, à la Côte d'Ivoire ou au Soudan.

IX

Le système des concessions territoriales (*suite et fin*).

Il est nécessaire, pour que l'étude de la matière soit suffisamment complète, de présenter une analyse succincte de ces décrets du 30 août 1900, qui sont au nombre de quatre.

A) Le premier définit le *domaine public* de l'État aux colonies et il en indique les éléments et les limites : rivage de la mer, cours d'eau, ports, rades, voies de communication de toute nature.

B) Le second réglemente (on devrait dire : cherche à réglementer) l'exploitation des forêts. Les dispositions en sont fort sages, mais d'une application imposssible à imposer aux indigènes qui font ce qu'ils veulent et à l'égard desquels aucune contrainte n'est possible, en réalité, la brousse leur servant toujours de refuge assuré au moindre méfait.

C) Le troisième, sur la *propriété foncière*, ses modes d'acquisition et de transmission, etc., forme un véritable code en 100 articles sur la matière.

D) Le quatrième et dernier traite des *terres domaniales* et de leurs divers modes d'aliénation. Il distingue entre les *petites* et les *grandes* concessions. Les premières (elles sont d'une étendue inférieure à 10,000 hectares), sont données par simple arrêté du Gouveanement local.

Pour les secondes (supérieures à 10,000 hectares), un décret du Chef de l'État, avec cahier des charges et cautionnement, sur rapport du Ministre des colonies, après avis de la Commission des concessions coloniales, est nécessaire. Le paragraphe 2 de l'art. 5 du décret, qui nous occupe, prévoit qu'il sera fait un réglement général pour les deux natures de concessions ; pour les petites il a bien été fait ; mais, pour les grandes, on attend toujours et c'est très fâcheux.

Doit-on préférer les *petites* ou les *grandes* concessions ? Les unes et les autres ont leur utilité, répondant à des besoins différents. Dans les mondes parlementaire, universitaire et industriel, on est à peu près unanime à cet égard. Les adversaires des concessions territoriales sont clairsemés, au demeurant, et il n'est pas rare de les amener parfois (le fait s'est produit, mais naturellement pas auprès des négociants côtiers qui *pensent* avoir des intérêts contraires) à une capitulation assez rapide.

Résumons donc rapidement leurs diverses objections qui se peuvent grouper comme suit :

a) *Droits des indigènes*. Nous avons vu que, presque partout, par voie de conquête, les indigènes étaient devenus nos *sujets*, ignorant, pour la plupart, ce qu'est la propriété individuelle au sens européen du mot. Il y a lieu d'observer que si les noirs africains se répandent indifféremment partout, par des migrations successives et inconstantes, l'exploitation errante qu'ils font, de-ci de-là, du latex à caoutchouc, ne saurait leur constituer un *droit de parcours* général : d'ailleurs, là où l'on ne trouve pas occupation réelle et permanente, il ne peut y avoir propriété. Enfin, les terres, qui sont toujours réservées pour leurs cultures vivrières, suffisent amplement à leurs besoins.

b) *Droits des commerçants*. Ceux-ci n'ont guère d'établissements, dignes de ce nom, en dehors des parties côtières de nos possessions africaines. Ils n'ont pas pénétré dans l'hinterland, n'ayant aucun intérêt à le faire « les noirs travaillant pour eux ». Oui, pourrait-on ajouter, mais en détruisant aveuglément les richesses du pays — ce qui est l'opposé de la mise en valeur.

c) *Intérêts financiers des colonies.* Le régime des concessions doit — par la disparition de la concurrence — faire monter les prix de vente, d'où diminution de la consommation locale, ralentissement des affaires et fléchissement des recettes de la colonie. Ce raisonnement vient de ce que l'on perd de vue que les concessionnaires sont *obligés*, par les cahiers de charges, de mettre leurs terres en valeur et, par conséquent, de dépenser de l'argent, dans ce but, ne serait-ce que pour payer la main-d'œuvre. Les noirs ayant de l'argent, parfois malgré eux, le dépenseront en achat de marchandises. Le mouvement des affaires en profitera donc et les recettes de la colonie ne pourront qu'augmenter, ainsi que le prouve, d'ailleurs, ce qui se passe pour le Congo français dont le mouvement commercial est passé de 10 millions en 1898 à 18 millions 1/2, en 1900.

d) *L'opposition des autorités locales*, que l'on a invoquée à tort, se borne à celle d'un seul gouverneur, et encore, pour des raisons spéciales ; les autres ont émis, au contraire, des idées favorables au régime des concessions.

e) *La personnalité des concessionnaires*, souvent peu dignes, ou inexpérimentés, a été signalée. On a prétendu qu'ils n'étaient que de vulgaires spéculateurs. Oublie-t-on donc que la Commission des concessions a été créée, entre autres choses, pour séparer l'ivraie du bon grain et que, les apporteurs de titres de concessions ne pouvant pas en trafiquer à la Bourse, le danger devient bien minime. Quant à empêcher le jeu de la hausse et de la baisse sur les actions, *souscrites en espèces,* des Sociétés concessionnaires, qui pourrait le faire en l'état actuel de notre législation et de nos mœurs ?

f) *Provenance des capitaux.* On a feint de s'émouvoir que l'argent belge ait largement participé à la formation d'un certain nombre de Sociétés concessionnaires du Congo français. Où voit-on là un danger sérieux, puisque le Directeur, le Président et les trois quarts des membres des Conseils d'administration de ces sociétés doivent être français ? D'ailleurs, les placements internationaux ne constituent-ils pas la meilleure garantie de la paix mondiale ? Si les étrangers sont parfois très fortement intéressés dans nos entreprises métropolitaines, il ne faut pas oublier que la France a un nombre respec-

table de milliards placés chez une demie douzaine de nations étrangères.

Cet examen rapide fait voir qu'il n'y a pas d'objection fondée
contre le régime des concessions territoriales. Celle-ci offre, au
contraire, un double et capital intérêt : *m*) pour les terres à mettre
en valeur ; *n*) pour les capitaux des Sociétés concessionnaires qui
s'y emploieront.

m) Avec un *bon* régime de concessions, préservation des richesses
existantes, moins de destruction des lianes caoutchoutières, plus de
feux de brousses dévastateurs, aménagement rationnel de la forêt,
amélioration des cours d'eau, multiplication des voies de communications, découvertes des terres propres aux cultures riches, une
petite colonisation facilitée et, comme conséquence, amélioration
de la condition matérielle des indigènes.

n) Pour les sociétés concessionnaires, il y a évidemment de
grosses charges ; mais elles ont, au moins, la certitude que d'autres
ne profiteront pas de leurs efforts sans bourse délier. Elles seront
seules à bénéficier de leurs travaux et de leurs découvertes.

Le but que les Sociétés, appelées à exploiter des concessions
territoriales, ne doivent jamais perdre de vue, c'est de trouver les
moyens :

1º Non pas d'augmenter les prix de vente des marchandises,
mais seulement d'éviter leur avilissement qui nuit à tout le monde
sans profiter à personne ;

2º D'attirer une main-d'œuvre abondante et stable, et non pas de
l'éloigner en baissant les salaires ;

3º De mettre au jour les richesses inexploitées et d'attirer de nouvelles initiatives qui ne seront pas des concurrentes, mais des auxiliaires.

En procédant de la sorte, les capitaux iront à elles jusqu'à ce que
ces Sociétés, qui ne doivent être que des Compagnies d'avant-garde,
aient rempli leur objet de mise en valeur du pays, au moyen de
monopoles, plus ou moins étendus, mais qui, au moins, leur auront
servi, pendant une trentaine d'années « à créer ce qui est inexistant,
organiser ce qui ne l'est pas, pour disparaître ensuite, d'eux-mêmes,
quand l'outillage économique est devenu parfait. » Ce n'est pas là
une utopie, et l'expérience, qui se fait actuellement au Congo
français, est de nature à fournir d'utiles indications en vue de
l'avenir.

X

L'Expérience du Congo.

Un historique complet de l'œuvre de colonisation qui se poursuit au Congo, au moyen du régime des concessions territoriales, dépasserait le cadre de nos études. Le Congo français traverse une crise financière grave, tous ses budgets se soldant par de gros déficits. D'autre part, les Société concessionnaires sont, pour la plupart, aux prises avec des difficultés sérieuses. Celles-ci sont dues à diverses causes dont voici les principales :

1° Bon nombre de concessionnaires ignoraient, quand ils ont demandé et obtenu des terres à exploiter, où elles étaient exactement situées, quelles étaient leurs ressources en habitants et en produits et ce qu'ils en pourraient bien faire. Émerveillés par les résultats du Congo belge, ils ignoraient que ceux-ci n'étaient que le fruit de dix années d'efforts persistants et de grands sacrifices d'hommes et d'argent. Certains de nos compatriotes, on doit l'avouer, ont donc demandé des concessions n'importe où (c'était parfois d'immenses marais) pour y faire n'importe quoi. Sans expérience préalable, sans compétence professionnelle, ils ne sûrent, trop souvent, même pas choisir convenablement leur personnel. De la sorte, les choses ne pouvaient que mal tourner très rapidement.

2° On a prétendu que l'État était un peu responsable de ces déconvenues, parce qu'il n'aurait pas dû partager le Congo entre 45 concessionnaires, sans discerner les bonnes parties des mauvaises. Ce reproche n'est pas fondé ; l'État n'a rien garanti à personne, ayant reçu beaucoup plus de demandes de concessions qu'il n'en pouvait satisfaire ; n'était-ce pas à chacun à se renseigner ? Au surplus, il fallait conjurer le danger, qui serait devenu grave, si l'on avait laissé des espaces libres entre les concessions, de l'*immixtion du commerce libre pratiqué par des maisons étrangères*. Celles-ci, ne payant à l'État aucune redevance et ne faisant aucune dépense d'intérêt général, auraient avili les prix, ruiné le pays et les concessionnaires. Quant à la trop grande étendue d'un certain nombre de concessions, on a eu tort de la critiquer ; la règle à suivre, en la matière, est la suivante : moins le pays est peuplé et organisé, plus la concession doit être grande, parce qu'elle est plus difficile à mettre en valeur faute de bras, et qu'il est juste d'accorder plus de possibilités de trouver de bons coins, plus de chances de succès. Les objections, formulées contre la méthode employée par l'État pour le partage économique du Congo, ne résistent donc pas à un examen sérieux et impartial.

3° On a prétendu que les conditions, imposées par l'État aux concessionnaires, étaient trop dures et qu'elles devaient les conduire à une ruine inévitable. La réponse est vraiment trop facile. Si le contrat de concession est une sorte de bail trentenaire imposant des obligations réciproques, les intéressés avaient toute liberté pour ne pas se lier en les acceptant. En fait, bien des gens prudents se sont abstenus pour ce motif. Sur ce point, la seule question à élucider est la suivante : l'État et les concessionnaires, ont-ils, chacun en ce qui les concerne, rempli leurs engagements et quels étaient-ils ?

Énumérons d'abord, les conditions imposées aux concessionnaires, telles qu'elles découlent du cahier de charges et des décrets. Nous verrons ensuite, à quoi l'État s'était obligé et s'il s'est exécuté.

I. — *Charges imposées aux Sociétés concessionnaires.*

1° Dépôt d'un cautionnement parfois élevé ;

2° Paiement d'une redevance annuelle progressive ;

3° Contribution pour l'établissement des postes de douanes ;

4° Participation à la construction de lignes télégraphiques ;

5° Construction et entretien de bateaux pouvant être réquisitionnés par la colonie ;

6° Transport gratuit de la poste et tarif réduit pour les fonctionnaires et le matériel de la colonie ;

7° Installations progressives de factoreries sous peine de déchéances ;

8° Prélèvements, en faveur de la colonie, de 15 0/0 des bénéfices nets annuels ;

9° Plantations de 150 pieds de caoutchoutiers par tonne de caoutchouc sortie de la concession.

Il n'est pas à notre connaissance que, au moment de leur naissance, les Sociétés concessionnaires aient cherché à se soustraire à leurs obligations : les cautionnements ont été versés, les capitaux sociaux réunis, les Sociétés régulièrement constituées, les agents choisis, agréés et expédiés en Afrique, la flottille organisée.

Si elles ont commis des fautes — et cela est certain — celles-ci ne sont pas *contractuelles, administratives*, mais *économiques et commerciales ;* de celles-ci, elles ne sont responsables qu'envers leurs actionnaires.

II. — *Obligations de l'État.*

Voici en quoi consistaient ses obligations :

a) Mise des Sociétés concessionnaires en possession des territoires concédés.

Cela s'est fait lentement, tant bien que mal.

b) Détermination du droit des tiers établis sur les terres concédées avant les décrets.

Faute de titres réguliers, des difficultés inutiles ont été soulevées.

c) Expulsion de ceux qui, sans aucun titre, restent sur les terres concédées.

L'Administration s'y est peu employée et il a fallu des incidents judiciaires pour obtenir justice.

d) Délimitation des réserves indigènes.

On n'a rien fait.

e) Mise en vigueur du régime forestier.

Le décret du 28 mars 1899 est resté lettre morte.

f) Établissement de postes de milice devant assurer la sécurité générale.

Non seulement, on s'est abstenu, mais on a fait pire, sous prétexte d'économies budgétaires ; on a supprimé la plupart de ceux qui existaient, si bien que des troubles ont éclaté partout, causé des accidents de personnes et lésé gravement les intérêts.

Quant aux obligations morales, qu'une circulaire ministérielle du 24 mai 1899 invitait les agents de l'Administration locale du Congo à ne pas négliger en faveur des concessionnaires, ceux-ci en attendent encore la moindre manifestation.

On peut donc dire que l'État, ayant manqué à la plupart de ses engagements primordiaux, est en grande partie responsable de la crise actuelle.

Un statisticien colonial a chiffré comme suit les charges imposées aux Sociétés concessionnaires :

Charges initiales (cautionnement, douanes, bateaux), 13 0/0 du capital de chacune.

Plus, pour les frais de constitution de la Société, environ 5 0/0.

Soit en tout 18 0/0.

Restait donc seulement 82 0/0, pour la mise en valeur, le Working-Capital.

Chargec annuelles (redevances, entretien des bateaux, amortissements), 7,25 0/0.

Plus 5 0/0 au moins, pour les frais généraux en France et en Afrique.

Soit en tout, 12,25 0/0, par an ; c'est beaucoup trop !

Aux difficultés présentes, que traversent le Congo et les Sociétés cessionnaires, se rattachent, par un certain côté, les réclamations que semble vouloir nous adresser l'Angleterre dont certaines Chambre de Commerce prétendent que le régime des concessions, inauguré par la France au Congo, constituerait une violation formelle de l'Acte de Berlin de 1885. Des traficants anglais, établis au Congo, ont, d'ailleurs, porté leurs doléances devant la justice locale qui leur a donné tort. L'opinion britannique, qui ne s'est pas émue des immenses concessions et monopoles, octroyés à diverses Sociétés de l'État Indépendant du Congo par Léopold II ; qui, mal renseignée sans doute, ignore que nos propres sociétés concessionnaires se sont entendues avec les comptoirs belges et hollandais et ont offert aux maisons anglaises des compensations pécuniaires qui ont été refusées, — bien à tort du reste, — l'opinion britanique, disons-nous, paraît confondre deux choses : le droit qu'a l'État de concéder l'exploitation exclusive des produits de son domaine privé, d'une part, et, de l'autre, la libre circulation des routes et fleuves et la liberté commerciale qui restent entières au Congo ; on se trompe donc, en Angleterre, quand on dit que ces principes sont violés, parce que, dans cette colonie, les espèces métalliques y étant rares, le trafic commercial y est difficile pour d'autres que pour les concessionnaires. Difficile ne veut pas dire radicalement impossible, à telle enseigne que, dans peu d'années, quand, par suite du progrès économique, l'usage des espèces sera devenu plus fréquent, rien ne sera plus commode que d'acheter et vendre par ce moyen, sans qu'il soit besoin de rien changer à la législation. Ce sera l'œuvre des mœurs.

Que devons-nous aux étrangers établis au Congo, d'après l'Acte de Berlin? L'égalité de traitement avec nos propres nationaux au point de vue commercial. Rien de plus.

D'ailleurs, la campagne de presse, qui s'est poursuivie, pendant près d'une année, sur cette question, chez nos voisins d'outre Manche, ne proviendrait-elle pas de la tendance qui semble partout devoir se manifester dans le sens du : *chacun chez soi*, et que l'on craint beaucoup, ailleurs qu'en Angleterre? Voici ce que disait récemment à cet égard un économiste allemand : « L'Allemagne a besoin de colonies pour la bonne raison que le commerçant allemand ne pourra pas agir toujours comme le coucou, qui met ses œufs dans les nids d'autrui ; un jour arrivera où, malgré les théories libérales, on les mettra à la porte. » N'y a-t-il pas, là, un sentiment symptomatique?

* *

CONCLUSIONS

En résumé, les difficultés actuelles, au milieu desquelles se débattent le Congo Français et ses sociétés concessionnaires, proviennent tant de celles-ci que du chef de l'État.

x) *Du chef de l'État :* sécurité insuffisante par suite de la suppression de nombreux postes; droits des tiers non déterminés ; régime forestier inappliqué ; réserves indigènes non délimitées ; hostilité de l'administration locale.

y) *Du chef des Sociétés Concessionnaires :* territoires improductifs ou inhabités, donc mal choisis; désignations souvent défectueuses, lors du choix du personnel; capitaux insuffisants ou engloutis imprudemment; frais généraux d'Europe et d'Afrique trop élevés.

Cette double énumération fait voir que tout cela peut s'arranger assez facilement avec un peu de bon vouloir de part et d'autre, et sans recourir aux profondes modifications que certaines personnes désireraient voir apporter aux cahiers des charges. Plusieurs sociétés devront évidemment fusionner, pour diminuer leurs frais. Mais la réforme d'ou dépend l'avenir, c'est assurément l'organisation de la main-d'œuvre au moyen de l'impôt de capitation, dont nous avons dit quelques mots précédemment et qu'un récent arrêté (11 février 1902) du Commissaire général du Congo vient de prescrire aux Chefs de Cercles.

* *

Nous avons dit, au début de l'étude que nous terminons, maintenant, que la mise en valeur de nos colonies, celles du groupe africain spécialement, exigeait trois facteurs principaux :

1° Une *main-d'œuvre* abondante, stable et bon marché. On a vu comment, suivant nous, ce problème pouvait et devait être résolu ;

2° Des *capitaux* importants pour la mise en œuvre et l'exploitation. Après avoir rappelé les motifs qui les éloignent, chez nous, des entreprises coloniales, nous avons indiqué quelles garanties ils exigent et que l'État a le devoir impérieux de leur fournir, au risque de ne rien faire de son vaste domaine colonial ;

3° Un *bon régime terrien ;* c'est, d'ailleurs, sur lui seul que pourront reposer les sûretés dont nous avons parlé. Le système des concessions territoriales parait suffisamment répondre aux besoins actuels, avons-nous dit. Mais nous avons ajouté — et la démonstration semble péremptoire — qu'il était illogique, injuste même, de vouloir rendre ce système responsable des difficultés que traversaient actuellement les sociétés concessionnaires du Congo français, puisque, de part et d'autre, — administration locale et concessionnaires, — on a commis des fautes graves qui vicient profondément ce que quelques personnes, non sans une pointe d'ironie, ont appelé : l'*expérience du Congo.*

Puis, quand l'État, profitant des leçons de cette *expérience*, aura organisé la mise en valeur de nos autres possessions africaines, d'une façon à la fois rationnelle et pratique, en faisant appel à l'initiative privée, aux conditions de sécurité que l'on connait, son rôle, à lui, rôle direct et obligatoire, ne fera que commencer. L'outillage économique (ports, chemins de fer, lignes télégraphiques, etc.) des colonies dépasse les attributions et les moyens d'action de l'initiative privée ; elle en peut prendre sa part évidemment, mais au second plan. La matière de ces questions est par trop d'intérêt général pour que l'intervention de l'État ne reste pas toujours et forcément dominante.

REVUE INTERNATIONALE

DE

SOCIOLOGIE

PUBLIÉE TOUS LES MOIS, SOUS LA DIRECTION DE

RENÉ WORMS

Secrétaire-Général de l'Institut International de Sociologie
et de la Société de Sociologie de Paris

AVEC LA COLLABORATION ET LE CONCOURS DE

MM. Ch. Andler, Paris. — A. Asturaro, Gênes. — A. Babeau, Troyes. — M. E. Ballesteros, Santiago. — P. Beauregard, Paris. — R. Bérenger, Paris. — M. Bernès, Paris. — J. Bertillon, Paris. — A. Bertrand, Lyon. — L. Brentano, Munich. — Ad. Buylla, Oviedo. — Ed. Chavannes, Paris. — E. Cheysson, Paris. — R. Dalla Volta, Florence. — J. Dallemagne, Bruxelles. — E. Delbet, Paris. — H. Denis, Bruxelles. — C. Dobrogeanu, Bucarest. — P. Dorado, Salamanque. — M. Dufourmantelle, Paris. — L. Duguit, Bordeaux. — A. Dumont, Caen. — P. Duproix, Genève. — A. Espinas, Paris. — Fernand Faure, Paris. — E. Ferri, Rome. — G. Flamingo, Rome. — A. Fouillée, Paris. — A. Giard, Paris. — Ch. Gide, Montpellier. — R. de la Grasserie, Nantes. — P. Guiraud, Paris. — L. Gumplowicz, Graz. — H. Hauser, Dijon. — M. Kovalewsky, Beaulieu. — F. Larnaude, Paris. — Ch. Letourneau, Paris. — E. Levasseur, Paris. — P. de Lilienfeld, Saint-Pétersbourg. — A. Loria, Padoue. — J. Loutchisky, Kiew. — John Lubbock, Londres. — J. Mandello, Budapest. — L. Manouvrier, Paris. — P. du Maroussem, Paris. — T. Masaryk, Prague. — Carl Menger, Vienne. — G. Monod, Paris. — F. S. Nitti, Naples. - J. Novicow, Odessa. - Ed. Perrier, Paris. - Ch. Pfister, Nancy. - Georges Picot, Paris. — Ad. Posada, Oviedo. — O. Pyfferoen, Gand. — A. Raffalovich, Paris. — M. Revon, Paris. — Th. Ribot, Paris. — Ch. Richet, Paris. — E. de Roberty, Tver. — V. Rossel, Berne. — Th. Roussel, Paris. — A. Schæffle, Stuttgard. — F. Schrader, Paris. — G. Simmel, Berlin. — C. N. Starcke, Copenhague. — L. Stein, Berne. — S. R. Steinmetz, Utrecht. — G. Tarde, Paris. — J. J. Tavares de Medeiros, Lisbonne. — F. Tœnnies, Hambourg. — A. Tratchewsky, Saint-Pétersbourg. — E. B. Tylor, Oxford. — E. Van der Rest, Bruxelles. — I. Vanni, Rome. — J. M. Vincent, Baltimore. — P. Vinogradow, Moscou. — E. Westermarck, Helsingfors. — Emile Worms, Rennes. — L. Wuarin, Genève.
Secrétaires de la Rédaction : Ed. Herriot. — Al. Lambert. — G.-L. Duprat.

Abonnement annuel : FRANCE : 18 fr. — UNION POSTALE : 20 fr.

PARIS

V. GIARD & E. BRIÈRE, Éditeurs

16, RUE SOUFFLOT, Vᵉ ARR.

LIBRAIRES CORRESPONDANTS :

Benda (B.),	à Lausanne.	Loescher & Cⁱᵉ,	à Rome.
Brockhaus (F. A.),	à Leipzig.	Mayolez (O.) & J. Audiarte,	à Bruxelles.
Feikema Caarelsen & Cⁱᵉ,	à Amsterdam.	Nutt (David),	à Londres.
Férin & Cⁱᵉ,	à Lisbonne.	Stapelmohr (H.),	à Genève.
Gerold & Cⁱᵉ,	à Vienne.	Stechert (G. E.),	à New-York.
Kramers & Fils,	à Rotterdam.	Van Stockum & Fils,	à La Haye.

V. GIARD & E. BRIÈRE, ÉDITEURS, 16, RUE SOUFFLOT, PARIS.

BIBLIOTHÈQUE
SOCIOLOGIQUE INTERNATIONALE

PUBLIÉE SOUS LA DIRECTION DE

RENÉ WORMS
Secrétaire Général de l'Institut International de Sociologie.

Cette collection se compose de volumes in-8°, reliure souple (1).

Ont paru :

RENÉ WORMS : *Organisme et Société* . . . . 8 fr.
PAUL DE LILIENFELD : *La Pathologie Sociale.* . . . . 8 fr.
FRANCESCO S. NITTI : *La Population et le Système social.* . . . . . 7 fr.
ADOLFO POSADA : *Théories modernes sur les Origines de la Famille, de la Société et de l'État* . . . . 6 fr.
SIGISMOND BALICKI : *L'État comme organisation coercitive de la Société Politique.* . . . . 6 fr.
JACQUES NOVICOW : *Conscience et Volonté Sociales* . . . . 8 fr.
FRANKLIN H. GIDDINGS : *Principes de Sociologie.* . . . . 8 fr.
ACHILLE LORIA : *Problèmes Sociaux Contemporains* . . . . 6 fr.
MAURICE VIGNES : *La Science Sociale d'après les principes de Le Play et de ses continuateurs*, 2 volumes. . . . . 20 fr.
M. A. VACCARO : *Les Bases sociologiques du Droit et de l'État.* . . . 10 fr.
LOUIS GUMPLOWICZ : *Sociologie et Politique.* . . . . 8 fr.
SCIPIO SIGHELE : *Psychologie des Sectes.* . . . . 7 fr.
G. TARDE : *Études de Psychologie Sociale.* . . . . 9 fr.
MAXIME KOVALEWSKY : *Le Régime économique de la Russie.* . . . . 9 fr.
C. N. STARCKE : *La Famille dans les diverses sociétés* . . . . . . 7 fr.
RAOUL DE LA GRASSERIE : *Des Religions comparées au point de vue sociologique.* . . . . 9 fr.
JAMES MARK BALDWIN : *Interprétation sociale et morale des principes du développement mental.* . . . . 12 fr.
G. L. DUPRAT : *Science Sociale et Démocratie.* . . . . 8 fr.
H. LAPLAIGNE : *La Morale d'un Égoïste; essai de morale sociale* . . . 7 fr.
JACQUES LOURBET : *Le Problème des Sexes* . . . . 7 fr.
E. BOMBARD : *La Marche de l'Humanité et les Grands Hommes d'après la doctrine positive.*
RAOUL DE LA GRASSERIE : *Les Principes sociologiques de la Criminologie.* 10 fr.
ABEL POUZOL : *La Recherche de la Paternité.* . . . . 12 fr.
ARTHUR BAUER : *Les Classes Sociales.* . . . . 9 fr.

Paraîtront successivement :

JOAQUIN COSTA, membre de l'Académie Royale de Madrid et de l'Institut Int. de Sociologie: *Le Collectivisme agraire en Espagne, les doctrines et les faits.*
MAXIME KOVALEWSKY, membre de l'Institut International de Sociologie : *La France économique et sociale à la veille de la Révolution. — Tableau des origines et de l'évolution de la famille et de la propriété* (nouvelle édition).
CH. LETOURNEAU, membre de l'Institut International de Sociologie : *La Condition de la Femme dans les diverses races et civilisations.*

(1) *Les volumes de la collection peuvent aussi être achetés brochés avec une diminution de 2 francs.*

Beaugency. — Imp. Laffray Fils et Gendre.

www.ingramcontent.com/pod-product-compliance
Lightning Source LLC
Chambersburg PA
CBHW061324060726
47596CB00003B/1076